IMPACT

CHARLIE CLARCK

IMPACT

Faites de votre parole un puissant levier d'engagement

MARABOUT

Je dédie ce livre à Laetitia, mon épouse et associée, à qui je dois tout ce que j'ai réussi. Je lui demande pardon pour l'envers du décor. Les communicants ne sont pas toujours les plus bavards.

SOMMAIRE

PRÉFACE

À chaque période troublée, la communication orale est (encore plus) déterminante. Car dans un monde plus fragmenté, plus distancié, nous avons besoin de créer ou de recréer du lien, de la proximité, de la confiance. Citoyens, consommateurs et salariés attendent de leurs leaders une relation humaine directe, une parole qui les touche et les mobilise. Or l'oral est la seule communication qui a le pouvoir d'empathie et qui peut créer de la cohésion. La démocratie athénienne, les griots d'Afrique ou le théâtre à toutes les époques l'ont montré : la tradition orale a toujours joué un rôle central pour éduquer, persuader, transmettre ou souder les sociétés. Il en est de même de l'entreprise : seul l'humain peut motiver l'humain.

Cette puissance de la culture orale, François Dalle, l'un des dirigeants emblématiques de L'Oréal, l'avait bien comprise. Celui qui a façonné et incarné la culture de L'Oréal était connu pour son charisme, sa proximité et son parler-vrai. Viscéralement attaché aux échanges directs, il préférait les discussions aux rapports écrits et encourageait les débats et les confrontations, qui étaient pour lui un terreau d'idées nouvelles et une source de convivialité. Et si aujourd'hui L'Oréal a davantage formalisé les choses en raison de son empreinte mondiale, sa culture orale demeure vivace. L'esprit L'Oréal, sa culture entrepreneuriale, ses valeurs continuent d'être transmis par les récits, les anecdotes, les adages ou les témoignages oraux, et les décisions majeures se prennent encore par oral, en réunion. Cette oralité, parfaitement adaptée à une entreprise en perpétuel mouvement, guidée par la force de son collectif, est naturellement au cœur de notre vision du leadership et de notre culture managériale. J'en suis le garant. Mais si je suis tant attaché à l'oral, c'est aussi parce que ce mode d'expression répond à un enjeu d'égalité. Que l'on soit dyslexique ou dysorthographique comme je l'ai été, l'oral compense et transcende les barrières de l'écrit et rétablit ainsi l'égalité pour donner sa chance à tous.

Encore faut-il aider nos managers et les former à la prise de parole. Car pour être vital, l'exercice n'en est pas moins difficile et redouté. Parler demande du courage. Parler expose. Et pour cause : pour emprunter à Cicéron l'une des pensées de son traité sur la rhétorique, « la parole est l'image de l'action ». La bonne nouvelle, c'est que l'oral n'est pas inné. Il n'est pas un talent, mais une compétence qui s'acquiert. Et se former à la prise de parole permet de dépasser ses freins, ses handicaps. De gagner en naturel, pour être et rester soi. Car il faut paradoxalement de la technique pour gagner en naturel, notamment pour des leaders dont le quotidien surchargé est un ascenseur émotionnel permanent qui peut nuire à leur communication.

Se former, c'est enfin – et peut-être surtout – déconstruire ses schémas mentaux pour comprendre que l'exercice oratoire n'est pas un exercice pour soi mais pour l'autre ; qu'un discours réussi n'est pas celui qui nourrit la vanité mais celui qui nourrit les autres.

C'est le sens de cet ouvrage : vous donner la méthode, pour qu'à chaque instant votre public se sente au cœur de vos interventions. Bonne découverte.

Jean-Claude Le Grand
Directeur Général des Relations Humaines de L'Oréal

INTRODUCTION
DE MAGICIEN À EXPERT EN STRATÉGIE ORALE

ÊTRE TIMIDE ET AIMER PARLER, UN PARADOXE ?

Avant d'ouvrir ce livre, peut-être vous êtes-vous interrogé : encore un énième manuel sur la prise de parole ? Eh bien, non ! Pour commencer, il a ceci de particulier qu'il s'appuie sur mon expérience personnelle. Enfant d'une timidité presque maladive, j'ai longtemps été celui qui restait dans son coin, à la périphérie du cercle, ou qui s'accrochait aux jupons de sa maman. J'ai beaucoup lutté et je continue de lutter contre ma peur des autres. Je souhaite d'ailleurs dédier particulièrement ce livre à tous les timides. À tous ceux qui, comme moi, jour après jour, se dépassent pour réaliser de petites tâches du quotidien que beaucoup trouvent anodines et accomplissent de façon quasi mécanique.

Il existe beaucoup de timidités différentes. Et aussi beaucoup de paradoxes dans la timidité. C'est cela qui la rend difficilement exprimable et compréhensible par tous. Aujourd'hui encore, si je peux facilement monter sur scène, prendre un micro devant 80 000 personnes et donner l'impression d'être un poisson dans l'eau, je peux tout aussi bien retarder d'une semaine un simple coup de fil à ma filleule de 6 ans.

La timidité est une affaire personnelle. Je crois qu'il y a de la timidité au fond de chacun d'entre nous, mais qu'elle s'exprime différemment et à des niveaux d'intensité plus ou moins forts. Certaines timidités apportent un charme, une coquetterie comme un grain de beauté à la personnalité. D'autres sont plus handicapantes et pénalisent le quotidien. C'est mon cas. Je suis de ceux qui rougissent lorsqu'on leur adresse un compliment et qui n'osent pas demander du pain au serveur d'un restaurant. Surmonter ma timidité est un vrai défi au quotidien, notamment dans ma vie professionnelle. Avec mon épouse, nous avons créé et nous dirigeons une agence de communication. Depuis dix ans qu'elle existe, j'éprouve toujours le même stress et la même appréhension dès qu'il s'agit d'avoir un entretien individuel avec un collaborateur. La simple idée de devoir me trouver face à face avec une personne de mon équipe peut m'empêcher de dormir toute une nuit. Car non, la timidité ne se guérit pas, elle est comme un fardeau que l'on porte toute sa vie. Nous pouvons en revanche apprendre à vivre avec et la dompter, notamment avec de la technique. C'est cette technique que je vais partager avec vous dans cet ouvrage. Je la mets à l'épreuve tous les jours et elle fonctionne.

D'ailleurs, quand j'ose parfois exprimer publiquement que je suis timide, on me rit au nez : « Toi, timide ??? Mais bien sûr ! Et moi, je suis la reine d'Angleterre ! »

OBSERVER : UNE QUALITÉ PRÉCIEUSE

Je forme le vœu qu'au fil des pages, vous vous rendiez compte qu'être timide constitue avant tout une chance, un cadeau de la nature, qui vous sera d'une grande aide pour être impactant à l'oral. D'abord parce que vous admettez plus facilement que d'autres que, sans méthode, vous ne parvenez pas à vous exprimer. Mais surtout parce que la timidité développe généralement une autre qualité précieuse : celle de l'observation. Quand on est trop timide pour prendre la parole, on reste dans son coin et on observe. Observer, c'est, je crois, ce qui m'a le plus aidé dans ma vie.

Je suis le dernier enfant d'une famille nombreuse. Quand je voyais mes grands frères et sœurs s'amuser et recevoir des amis, je rêvais d'être avec eux, de participer à la fête. Comme j'étais un petit garçon réservé, j'ai très vite pris le parti d'être celui qui contribue à l'ambiance, et pas celui qui en profite. J'y prends d'ailleurs beaucoup plus de plaisir : je m'amuse en voyant les gens s'amuser. En revanche, ne me demandez pas de prendre part à la fête. Aujourd'hui encore, si je suis invité à une soirée, je préfère être du côté du DJ que du côté de ceux qui dansent ; si je reçois des amis ou des clients, je préfère être derrière le comptoir à servir plutôt que d'être assis au bar à siroter. On m'en fait souvent le reproche. Mais si j'aime quand mes amis s'amusent grâce à moi, cela ne signifie pas que j'aime m'amuser avec eux.

PRENDRE LA PAROLE, C'EST UN PEU DE LA MAGIE

Très tôt, dès l'âge de 8 ans, je me suis découvert une passion pour la magie qui ne m'a plus quitté. La magie a été pour moi un exutoire. Longtemps, on a préféré me demander des tours de magie plutôt que de m'écouter parler.

À 14 ans, en parallèle de l'école, j'ai commencé à exercer comme magicien professionnel et à gagner ma vie. Au-delà de l'aspect artistique, la magie a été ma première petite entreprise. J'ai suivi le chemin traditionnel : j'ai d'abord animé des anniversaires pour enfants puis je me suis lancé dans les mariages, les bar-mitsvah et toutes les célébrations d'adultes ; ensuite, j'ai investi le monde de l'entreprise avec les conventions ou les arbres de Noël ; et pour finir, j'avais un spectacle suffisamment solide pour me produire dans les différents théâtres et music-halls de Paris.

J'ai passé ainsi des milliers d'heures sur scène, à me confronter au public : de l'enfant turbulent à l'adulte vexé qui cherche par tous les moyens à vous mettre en défaut ; du public français au public anglo-saxon (ma mère étant Irlandaise, j'ai eu la chance de me produire beaucoup en Irlande et aux États-Unis) ; du public demandeur qui a payé pour venir me voir au public contraint qui n'a rien demandé et à qui on impose un magicien. Je me suis également produit dans des lieux divers et variés : du cabaret Don Camilo aux tristes rayons de supermarché en passant par l'ambassade des États-Unis à Paris. J'ai connu de grands moments de joie comme de vrais moments de solitude. Je garde encore le souvenir des spectacles que je donnais dans les allées de Disneyland, déguisé en prince, à agiter désespérément une colombe devant laquelle personne n'avait la moindre envie de s'extasier ! Grand, grand moment de solitude…

CE QUI COMPTE, C'EST CE QUE LE PUBLIC VOIT ET RESSENT

De toutes ces expériences, je tire une conclusion : ce qui compte n'est pas ce que le magicien fait ou dit, c'est ce que le public voit et entend. Est-ce magique ou non pour le public ? Voilà la seule bonne question qui vaille.

Quand un magicien réalise un tour, la « manip » est bien entendu visible pour son œil. Mais est-elle visible du côté des spectateurs ? Cette différence entre le ressenti du prestidigitateur et la perception du public est fondamentale. Elle va nous guider tout au long de ce livre car elle est la base de la méthode qui vous est proposée. Ce qui compte, donc, ce n'est pas ce que le magicien voit, mais ce que le public ressent.

C'est vrai aussi à la télévision. Dans mes dernières années en tant que magicien, je me produisais dans un théâtre parisien chaque semaine, avec mon spectacle « Le Magicien décalé » ; j'ai eu la chance d'être repéré par la cellule de talents de Canal+. Ainsi a commencé une aventure à la télévision qui a duré sept ans. J'ai adoré la télévision parce que, d'une certaine façon, elle s'appuie sur les mêmes grands mécanismes que la magie. Il y a, peut-être encore plus à la télévision, une grosse différence entre le réel et la perception du public. Si vous assistez au tournage de l'émission *The Voice* sur TF1, vous serez sans doute déçu par la réalité. Vous allez vous retrouver dans un hangar de Seine-Saint-Denis, sur un petit plateau sale ; le tournage va manquer de rythme et sera interrompu sans arrêt ; les animateurs porteront dix couches de maquillage ; on vous forcera à rire ou à applaudir… Mais tout cela n'a pas d'importance. Ce qui compte, c'est ce que le public perçoit. Et ce que voient les Français à la télévision le samedi soir, c'est du rêve à l'état pur ! *The Voice* envoie du rêve, et cela n'a pas de prix.

Soyons clairs : à la télévision, le rêve, c'est pour ceux qui regardent, pas pour ceux qui y travaillent ! Un jour, vous êtes au top et tout le monde vous adore ; le lendemain, vous vous réveillez et vous n'existez plus. Je n'ai pas échappé à cette règle. J'ai très vite réussi à mettre un pied dans le milieu, mais je n'ai jamais su stabiliser le second. Des *Anges de la téléréalité* sur NRJ12 à *La Matinale* de Direct8 en passant par l'animation d'un jeu de connaissances religieuses sur la chaîne catholique KTO, j'ai participé à de nombreuses émissions, essayé beaucoup de styles différents, pour finir par saisir qu'à la télé il n'y a pas de règle, ni de code, ni de repère. Tout est guidé par une obsession : les audiences. Est-ce que le public zappe, change de programme ou inversement, reste jusqu'au bout ? Autrement dit, est-ce que le public aime… ou pas ? Voilà la seule vérité qui compte. J'en ai fait l'expérience à mes dépens.

En 2016, après quelques années à écrémer les castings et à valser d'un programme à un autre, j'ai été sélectionné pour devenir chroniqueur officiel dans une émission quotidienne en *access prime time* – comprenez une émission diffusée entre 18 heures et 20 heures, juste avant la grand-messe des JT. J'ai rejoint l'équipe de Julien Courbet pour le grand retour de l'émission *Sans Aucun Doute* sur TMC. C'était pour moi un vrai accomplissement, une grande fierté, et j'avais réuni famille et amis pour célébrer en grande pompe le début de ma réussite à la télé. Mais trois semaines seulement après le début de l'émission, j'ai été convoqué par l'équipe de production. On m'a expliqué qu'à chacune de mes interventions, la courbe d'audience décrochait. Mon aventure s'est arrêtée là. C'était rapide, brutal et pas de seconde chance, c'est le public qui décide. S'il aime, tu restes, sinon tu disparais en un claquement de doigts.

J'ai vécu cette expérience comme un grand traumatisme mais, avec le recul, elle a représenté une véritable chance, elle m'a confronté au réel. Si tu parles et que personne ne t'écoute, ça ne sert à rien d'ouvrir la bouche !

LA PAROLE DANS LE MONDE DE L'ENTREPRISE

Ces quelques années de télévision ont été un marchepied vers le monde de l'entreprise, au sens le plus large du terme. Les sociétés font en effet régulièrement appel aux journalistes pour animer des tables rondes et des séminaires, et je n'ai pas dérogé à la règle. Alors que je me rêvais en star de Las Vegas en costume à paillettes, j'ai été appelé un matin pour animer le « roadshow » d'une grande banque française. Le « roadshow » dans le monde de l'entreprise, c'est la tournée de la direction pour aller à la rencontre des équipes sur différents sites. Dans mon cas, le job consistait à donner du rythme aux cinq conventions régionales du début d'année, en assurant les transitions et en interviewant les dirigeants.

Cette grande première a été une révélation. Le moment de ma vie où tout s'est aligné. D'abord, il faut bien l'avouer, parce que les dirigeants avec qui je partageais la scène n'étaient pas franchement des orateurs nés. Ils parlaient exclusivement d'eux, de manière souvent trop longue, trop détaillée, et pour tout dire ennuyeuse. Au risque de négliger ceux qui les écoutaient… Intervenir dans une convention représente souvent une corvée pour ces managers à l'agenda ultra-booké.

Alors personne n'ose, dans leur entourage professionnel, leur signaler qu'ils n'ont franchement pas été bons. En tout cas, pour moi, ça a été le déclic ultime. Alors que je cherchais coûte que coûte à percer à la télévision, j'ai réalisé, à titre personnel, que je pouvais être beaucoup plus utile dans le monde de l'entreprise. Ma place était là, j'en étais certain, les planètes s'étaient alignées. Issu d'un milieu plutôt classique et bourgeois, j'avais souvent été jugé ennuyeux et « coincé » à la télévision. À l'inverse, dans le monde de l'entreprise, j'étais vu et perçu comme rassurant. Je possède les codes de l'entreprise, avec le petit plus qui vient du fait que j'ai passé des années au contact du public et que j'éprouve une véritable affection pour le divertissement. Une force pour m'adresser aux jeunes et aux moins jeunes, du plus petit échelon aux grands postes de dirigeants, et les conseiller. Ayant vécu toutes sortes de situations, des plus ingrates à celles apportant une véritable reconnaissance, j'ai appris à m'exprimer dans tous les contextes possibles et imaginables. En conservant toujours la même anxiété, mais en apprenant à la gérer.

MES DÉBUTS DANS LE CONSEIL ET LA COMMUNICATION ORALE

Très vite, je ne me suis plus contenté d'animer les grandes réunions d'entreprise, je les ai écrites et mises en scène en y intégrant les codes du divertissement et de la télévision. C'est ainsi qu'est née notre agence Whistcom (dont le nom, à l'origine, était Tartalacom), qui s'appuie sur une conviction forte : « on peut être sérieux sans être ennuyeux ». Comprenez par là que l'on peut avoir du fond et, en même temps, faire en sorte que la forme soit attirante et séduisante. Qui dit communication ne dit pas forcément artifice et superficialité, mais plutôt moyen efficace d'être entendu et compris.

C'est selon moi le grand drame de l'éducation française. On croit souvent, à tort, que le fond et la forme sont opposés, qu'on ne peut pas avoir de la profondeur si l'on se soucie trop de la communication. C'est faux ! Le fond et la forme doivent nécessairement travailler ensemble pour que le public suive. Qui irait voir une pièce de théâtre où il n'y aurait aucune mise en scène, un décor inexistant, aucun costume et où les comédiens se contenteraient de lire leur texte ?

Penser et imaginer la forme ne sont pas des gros mots. Cela signifie simplement prendre en compte le public à qui l'on s'adresse afin de trouver la meilleure façon de dire les choses pour qu'elles soient reçues. Une maîtresse qui parle à des enfants en maternelle ne projette pas des slides avec des graphiques, elle trouve la bonne forme, vivante et imagée, pour faire passer ses messages et captiver les enfants. Qu'est-ce qui fait que nous avons perdu « le goût de l'autre » et que nous ne faisons pas d'effort pour embarquer notre auditoire ? Au travers de ce livre, je veux aussi être le porte-parole de tous ceux qui se sont retrouvés assis dans des salles à écouter des discours soporifiques de personnes qui ne faisaient aucun effort pour s'adresser au public.

Chez Whistcom, le mot d'accueil pour ceux que nous formons est toujours le même : « Dans cette formation, vous, on s'en moque. On ne va pas parler de vous. On va se concentrer sur votre public. Qu'est-ce qu'il voit ? Qu'est-ce qu'il entend ? Qu'est-ce qu'il retient ? Bienvenue ! » Comme dans un spectacle de magie ou une émission de télévision, à l'oral, la star, c'est le public. Vous ne lisez pas ce livre pour vous, vous le lisez pour apporter quelque chose d'intéressant à vos interlocuteurs. Et ça marche pour toutes les situations : qu'il s'agisse d'un entretien d'embauche, du chasseur de têtes que vous devez convaincre de votre valeur, de votre entretien annuel où vous devez défendre vos performances ou de la réunion que vous animez, à chaque fois, vous devrez susciter l'intérêt de votre public !

LA MÉTHODE SPORT®

Pour toucher ce public, nous avons créé une méthode simple, universelle, que je vais vous présenter dans les prochains chapitres. Cette méthode mélange les codes du divertissement et de l'entreprise. Elle s'appuie sur le corps dans ce qu'il a de plus primitif. Elle est quasi mathématique et permet à chacun de prendre la parole dans n'importe quelle situation, en créant un lien émotionnel avec la ou les personnes à qui le discours est adressé.

Aujourd'hui, la plupart des manuels « How to… » présentent la prise de parole comme un art. Il est toujours question de « l'art de la parole », « de rhétorique » et « d'éloquence ». Ces ouvrages sont justes mais abordent le sujet de façon trop compliquée ou trop hors-sol vis-à-vis de la réalité. On vous donne une liste de conseils pour bien prendre la parole, et on oublie que votre quotidien, notamment dans l'entreprise, c'est d'abord de faire votre job, pas de prendre la parole ! Sans une méthode simple et universelle, il est impossible de penser à tout ! Prendre la parole sans méthode peut mener à la catastrophe. Et ça, vous le savez ! Ce n'est pas un hasard si 52 % des salariés redoutent de prendre des postes de direction[1] qui les

1. Baromètre Whistcom-OpinionWay, octobre 2023 : « Les salariés et la parole de leurs dirigeants »

contraindraient à prendre la parole tant ils ont peur de « mal parler ». Quel gâchis !

Car il est fondamental de faire la différence entre « bien parler » et « parler pour les autres » : bien parler, c'est se satisfaire de son aisance à l'oral… qui conduit inévitablement à des monologues ; parler pour les autres, c'est chercher l'empathie et provoquer l'engagement de son public. Et c'est une vraie révolution, qui porte un nom : la méthode SPORT®.

Notre méthode SPORT® a renversé la table sur le terrain ô combien disputé de la stratégie orale.

1. Pour commencer, **elle ne repose ni sur le talent d'orateur inné du communicant ni sur ses seules capacités intellectuelles et les nombreux diplômes** acquis dans sa jeunesse. Cartésienne et rationnelle, la méthode SPORT® s'appuie sur la réalité brutale de l'exercice de la prise de parole, qui est un véritable sport et qui nécessite une batterie d'armes différentes – cinq outils précisément, comme nous le détaillerons dans cet ouvrage, dont chacun complète l'autre et en appuie l'efficacité – et la mobilisation du corps.

2. **Cette méthode fonctionne pour tous.** Elle a été testée et validée par des milliers de dirigeants et de cadres, mais si vous n'êtes pas dirigeant, ce livre est aussi fait pour vous. Nous ne formons pas que des dirigeants, nous formons tous ceux qui sont au contact d'un public et qui doivent l'embarquer. Les célèbres restaurants d'altitude La Folie Douce nous ont ainsi confié la formation de leurs chefs de rang et serveurs. Nous avons aussi équipé de nombreux chefs de village du Club Med avec notre méthode. Et plus récemment, nous avons accompagné des lycéens en classe de première pour préparer l'oral de français, et des terminales pour le grand oral du bac et les oraux d'entrée en écoles supérieures de commerce.

3. Pour autant, si la méthode SPORT® fonctionne pour tous, **elle n'est pas magique**. Elle vous demandera toujours un effort car penser aux autres est un effort. Vous vous rendrez vite compte que votre corps et votre cerveau sont autocentrés. Que vous faites instinctivement les choses pour vous. Les faire pour les autres est toujours un acte réfléchi… qui vous demande de l'énergie. Moi-même, je rentre régulièrement épuisé le soir à la maison. Parce que la méthode me demande toujours des efforts pour dépasser mon caractère de garçon réservé et m'ouvrir aux autres.
4. Elle peut être utilisée **quels que soient la situation et le format choisis** : entretien individuel ; visioconférence ; intervention sur la scène du palais des Congrès de votre ville ; interview sur une chaîne d'info continue ; présentation des résultats de l'entreprise devant un parterre d'analystes financiers et de journalistes…
5. Pour finir, elle vous rendra **libre et vous permettra d'exprimer celui ou celle que vous êtes**. La technique apprise ne fait pas de vous des clones ni des comédiens. Au contraire, elle vous permet d'exprimer votre naturel et d'embarquer votre public.

Embarquer votre public, tout en restant vous-même, voilà l'invitation que je vous fais. Alors maintenant, mettons-nous au travail !

CHAPITRE 1

BIEN PARLER OU PARLER POUR LES AUTRES ?

La question peut surprendre, surtout lorsqu'on est cadre, voire cadre supérieur ou encore dirigeant. Si l'on a été nommé à ces fonctions, c'est qu'a priori on sait s'exprimer auprès de tous les publics. Sauf que précisément, plus on progresse, plus la maîtrise et la tonalité de la prise de parole deviennent fondamentales. Alors qu'inversement nous avons tendance à juger que nous n'avons plus besoin de conseils. La réponse est donc sans appel : oui, il faut apprendre à s'exprimer car :

- C'est la seule manière de pouvoir **envoyer un message**. Si l'émetteur échoue à se faire comprendre, lui et son récepteur tombent dans un abîme d'incompréhension mutuelle, chacun demeurant dans son tunnel.
- Dans ce but, il s'agit d'apprendre car **personne ne sait d'emblée communiquer**. On ne naît pas bon communicant, on le devient. Savoir prendre la parole, entraîner un public derrière soi nécessite un sérieux apprentissage, tant s'exprimer ne s'improvise pas, ni dans le fond ni dans la forme. Et ce n'est pas parce que l'on maîtrise bien son sujet que l'on va en parler avec les bons mots…

APPRENDRE À COMMUNIQUER N'EST PLUS TABOU

Durant des décennies, « apprendre à communiquer » de façon articulée, en s'inspirant d'une méthode précise, n'allait pas de soi. Pire, beaucoup jugeaient qu'il s'agissait d'un exercice artificiel et théâtral, menaçant d'être contre-productif. Ainsi, on a longtemps loué la « parole rare » du général de Gaulle tout comme celle de François Mitterrand. C'est oublier que le premier veillait scrupuleusement à verrouiller l'information via une ORTF muselée, allant même jusqu'à n'accorder d'interviews officielles qu'à son secrétaire d'État à l'Information, Alain Peyrefitte, dont on pouvait douter de la pugnacité des questions et des relances. Aujourd'hui, ce type de méthode – qui relève de tout sauf d'une démocratie éclairée – déclencherait un charivari médiatique. Même si le peuple français n'a pas été le dernier à juger la parole macronienne envahissante. Mais entre la rareté et la surabondance, il y a un juste équilibre. Quant au second, son conseiller en communication de l'Élysée pendant quatorze ans (1984-1998), Jacques Pilhan, a surtout veillé à justifier la rareté de la parole présidentielle d'un homme de plus en plus affaibli par la maladie à compter des années 1990.

Cette politique de la « parole rare et précieuse » n'est plus d'actualité. Elle est même devenue parfaitement obsolète. Dans un univers dominé par la communication, les réseaux sociaux, les visioconférences et les vidéos managériales annonçant des mesures clés, savoir prendre la parole est devenu un facteur essentiel dans la réussite de tout parcours professionnel. Il ne s'agit plus seulement de s'entraîner à passer un grand oral pour accéder à une école supérieure ou à un entretien d'embauche où il s'agira de répondre benoîtement à la question « Quels sont vos qualités et vos défauts ? », voire de détailler la stratégie à venir de l'entreprise sans que l'auditoire ne pique du nez pour finir… Car cela, c'était l'« ancien monde », le « vieux monde », avec ses codes définis et arrêtés depuis des décennies.

À présent, il s'agit de parfaitement maîtriser sa prise de parole dans n'importe quelle situation, à toute heure de la journée et avec n'importe quel interlocuteur, du bas de l'échelle au sommet de l'entreprise. Et ce, depuis le débrief (intelligent et correctement articulé) de la dernière série de Netflix avec votre patron devant la machine à café, au fait, pour celui-ci, de savoir répondre à une interview dans le cadre d'une chaîne d'info ou, plus acrobatique encore, dans une émission d'*infotainement*, à la façon de *Quelle époque !* ou *Quotidien*, qui engage l'image de son entreprise et du dirigeant qui l'incarne.

« L'exercice oratoire renvoie directement à la question du "leadership incarné" et le dirigeant sait qu'il s'expose à être jugé. Il doit figurer comme le chef et le fait qu'il soit X, Mines-Ponts ou Centralien ne suffira pas », décrypte Natalie Rastoin, présidente-fondatrice du cabinet de conseil stratégique aux marques Polytane et par ailleurs ex-CEO du groupe de communication Ogilvy France (WPP).

SAVOIR COMMUNIQUER NE S'IMPROVISE PAS

Or une expression maladroite, un ton monocorde ou trop agressif, l'absence de clarté ou d'empathie dans l'expression peuvent suffire, en l'espace de quelques minutes, à « tuer » plusieurs dizaines voire centaines de mois de travail. Pourquoi négliger la maîtrise d'une compétence aussi cruciale ?

Les dirigeants, cadres supérieurs, financiers, avocats, médecins sont – entre autres – aujourd'hui confrontés à une série de défis inédits. Les voilà contraints et forcés de se mouvoir avec agilité et habileté dans un monde de transparence accrue et de technologies disruptives, lesquelles imposent la maîtrise des nouveaux médias et des formats numériques, inédits ou balbutiants il y a encore cinq ans. En parallèle, les occasions, voire les obligations, de communiquer sur ces médias et formats se sont multipliées via la généralisation des visioconférences, l'impact redoublé des chaînes d'info en continu, l'explosion des réseaux sociaux. Mais alors que les nouvelles technologies ont entraîné une horizontalisation croissante de la communication et la fin d'une parole trop souvent « descendante » (qui va de haut en bas), la mutation paraît s'être arrêtée net aux portes de l'entreprise.

La parole des dirigeants : ce que les salariés en pensent

La deuxième édition du baromètre « Les salariés et la parole de leurs dirigeants », réalisée en octobre 2023 par Opinion Way pour le cabinet Whistcom auprès de 1026 salariés d'entreprises de 50 salariés et plus afin de prendre la température de la communication orale des dirigeants dans l'entreprise, est sans ambiguïté sur ce point.

S'il est désormais clair que la parole des dirigeants a un impact positif sur le quotidien des salariés et qu'elle exerce même pour les deux tiers d'entre eux une influence décisive sur leur fidélité, leur implication et leur bien-être au quotidien, les conclusions de l'étude sont franchement décapantes : les dirigeants sont jugés trop distants pour être convaincants et leurs prises de parole ne correspondent pas à la réalité d'un salarié sur deux (+7 points par rapport à 2021). Aux prises avec des problèmes aigus de pouvoir d'achat liés à l'inflation, angoissés par la crise écologique et la perte de sens au travail, 75 % des salariés voudraient que ces dirigeants leur parlent de sujets concrets les concernant, de façon directe, comme la qualité de vie au travail, la mise en place d'intéressement aux résultats dans l'entreprise, l'évolution des carrières des seniors, la persistance de plafonds de verre pour les femmes sur les postes de direction... plutôt que des grands enjeux sur cinq ans de l'entreprise. Mais visiblement, tous les dirigeants ne trouvent pas les mots et les actes. De là à les juger hors-sol, comme les électeurs le font déjà des politiques, il n'y a qu'un pas... que beaucoup ont déjà franchi. Car derrière la distance, c'est surtout la question de leur stratégie orale qui est soulevée. À ce titre, l'analyse des 3 F (Fond, Forme, Format) de la parole des dirigeants est révélatrice :

• Sur le fond, leurs discours peinent à entraîner les salariés dans une dynamique d'entreprise. Les chiffres sont sans appel : 55 % des salariés ne connaissent pas ou n'adhèrent pas à la stratégie de leur entreprise.

• Sur la forme, 57 % des salariés jugent la prise de parole de leurs dirigeants uniquement descendante, à l'inverse exact de l'évolution sociétale qui promeut l'horizontalité de cette parole.

• Enfin, sur le format, le dialogue échoue à se mettre en place entre le dirigeant, seul sur la scène, et le public qui l'écoute, légèrement en dessous. Visuellement, tout est déjà dit.

Qu'en déduire, sinon qu'il est impératif d'entretenir un lien fort de proximité avec les salariés afin de créer un élan collectif. L'image de l'entreprise, sa productivité et sa compétitivité sont à ce prix, tout comme le bien-être et le bonheur de ses collaborateurs. De quoi désespérer? Pas tout à fait, car il y a une double bonne nouvelle :

1. 75 % des salariés pensent que le message oral d'un dirigeant a plus de poids qu'un message écrit.

2. Communiquer de façon convaincante, impactante et efficace s'apprend. Même si, pour y parvenir, il faut tordre le cou à quelques préjugés tenaces !

PRÉJUGÉ N° 1 : « LA COMPÉTENCE PROFESSIONNELLE SUFFIT À EMPORTER LE MORCEAU »

Régulièrement, et en dépit des résultats décevants des études et statistiques, une question jaillit : pourquoi un patron ou un expert devrait-il apprendre à communiquer, alors que son expérience professionnelle comme ses compétences incontestables devraient suffire à intéresser son auditoire et légitimer le contenu de sa prise de parole ? Ce sont les spécialistes, non ?!

« Beaucoup de dirigeants comptent d'abord sur leur compétence », confirme Jean-Marc Magnaudet. Président Nutrition Spécialisée de Danone, il sait de quoi il parle. Chez Procter & Gamble, où il a fait ses premières armes et où il est resté vingt ans, « on jugeait la capacité de quelqu'un sur son leadership donc en particulier à sa capacité à communiquer », ajoute-t-il. Proctérien lui aussi, avant de prendre la fonction de directeur général Europe du Sud de General Mills puis de devenir le directeur général international des Rhums Isautier, Nicolas de la Giroday se situe sur la même ligne : « Qu'il s'agisse de Procter & Gamble où de General Mills, il s'agit d'entreprises où la communication orale fait vraiment partie du job. » Ce qui signifie, en sous-texte : « Votre progression dans la hiérarchie de l'entreprise est directement liée à votre capacité à savoir communiquer dans n'importe quelle situation et quel que soit l'échelon hiérarchique de votre interlocuteur. » On pourrait ajouter : tout en gardant à l'esprit la conviction que vous êtes le sachant. Sauf que l'époque a changé. L'irruption des nouvelles technologies, et en particulier des réseaux sociaux et de l'intelligence artificielle générative *(gen AI)*, nécessite de constantes remises à niveau de ceux qui nous gouvernent. Hétérogénéité des supports, fragmentation des discours, explosion du *social media*, poids croissant des influenceurs, pluralisme des messages… Toutes ces valeurs postmodernistes complexifient les messages adressés par le dirigeant à ses collaborateurs, comme auprès d'autres publics. La génération Z (la fameuse GenZ), qui vient d'arriver sur le marché du travail et constituera le vivier des dirigeants de demain, en a parfaitement conscience. Et ses aînés commencent tout doucement à l'intégrer…

Des cycles de compétence de plus en plus courts

« Autrefois, on se formait au début de sa carrière et on s'appuyait sur cette formation tout au long de sa vie professionnelle », analyse Adilson Borges, ex-directeur Learning et Développement de Carrefour, Doyen et Directeur Général Rennes School of Business. « À présent, les cycles de compétence sont beaucoup plus courts. Même les diplômes des grandes écoles ont cessé de constituer des garanties à vie. En raison, entre autres, de l'impact des nouvelles technologies, qui nous contraignent à nous remettre sans cesse à niveau, nous sommes entrés dans un cycle de *life long learning*. Du début jusqu'à la fin de notre vie professionnelle, nous continuons d'apprendre. »

Le manager a cessé d'être le patron de « droit divin » qu'il était autrefois. Et les salariés le savent. Ils ont parfois même – pour les plus jeunes d'entre eux – une longueur d'avance en termes de compétence technologique sur leur propre responsable.

Ex Vice Président chez Nike, Éric Cuenot se souvient de l'époque où, selon que l'on soit simple salarié ou cadre supérieur, on ne montait pas dans les mêmes ascenseurs. « À présent, constate-t-il, on a énormément réduit les niveaux hiérarchiques, ce qui a modifié le rapport au titre : être manager a cessé d'être une position pour devenir une compétence. » Mais une compétence qu'il s'agit d'entretenir, voire d'accroître, encore plus avec la nouvelle génération, les mutations et l'évolution des mentalités. « On a l'impression que plus un manager progresse, moins il a besoin de se former et de s'entraîner, regrette-t-il. Or ce qui est naturel pour un sportif, joueur de foot, tennisman ou danseur, l'est aussi pour un dirigeant. »

D'où la nécessité de prendre conscience, lorsque l'on travaille sur sa prise de parole, que le public que l'on cherche à embarquer a changé, évolué, mûri… Et qu'il dispose d'un niveau d'instruction bien différent et plus élevé que celui de ses aînés. À cet égard, les chiffres sont éloquents. En 1970, 3 Français sur 10 avaient le bac. Le chiffre (29 % du total) se révélait sensiblement identique en 1985. Mais les choses se sont accélérées. En 2020, 46 % des femmes étaient titulaires d'un diplôme supérieur contre 35 % des hommes. En 1973, elles obtenaient tout juste le droit de passer le concours d'HEC Paris, dont elles constituent désormais 32,6 % des diplômés.

Enfin, en 2022, 79,6 % des lycéens d'une génération ont obtenu le bac (général, professionnel et technique).

Nous sommes aujourd'hui face à un écosystème professionnel ayant effectué une mutation radicale et foudroyante, que nos parents auraient bien du mal à identifier. Car cette élévation du niveau d'instruction et d'implication dans la marche de la société a des effets collatéraux percutants qu'expliquent Nicolas Colin et Henri Verdier dans leur livre fondateur *L'Âge de la multitude* et que rapportent Batoul Hassoun, PDG de Salmon Consulting (groupe Havas), et Natalie Rastoin, ex-CEO d'Ogilvy France, dans leur ouvrage *Un Caillou dans la chaussure. L'humain au cœur de l'entreprise* : « Si autrefois on pouvait s'adresser à chaque cible via un canal dédié et étanche, aujourd'hui, ce n'est plus possible. Il faut prendre en compte la porosité croissante entre les différents canaux : la presse entend ce que les dirigeants disent aux investisseurs, les employés scrutent les annonces faites aux actionnaires et l'externe est bien souvent au courant de ce qui se passe en interne. Sans compter les réseaux sociaux qui mixent l'ensemble [...] Et de fait, l'entreprise elle-même n'est plus un lieu étanche. Les salariés aujourd'hui sont très nombreux à poster anonymement leur avis sur des sites comme Glassdoor – 40 millions d'avis ont été répertoriés dans 190 pays. »

Négliger ce changement de paradigme, lorsqu'on prend la parole devant ses collaborateurs ou un public plus large, constitue donc une erreur magistrale pour un dirigeant ou un cadre à « fort potentiel ». Car comme l'indique Adilson Borges : « Nous sommes passés d'une logique de "sachant" à une logique de transmission et de remise à niveau permanente. Et dans ce nouveau monde, communiquer est déjà un attribut. » Revers de la médaille, un nouveau darwinisme règne désormais en maître dans ce nouveau monde, où la compétence des cadres est de plus en plus challengée par les générations suivantes.

Un environnement culturel chamboulé

Plus informés, plus critiques, les trentenaires, qui seront les dirigeants de demain, ont en effet grandi smartphone en main, dans un environnement littéralement dominé par la « tech ». Et c'est très naturellement qu'ils usent de modes de communication différents, plus rapides, moins normés, truffés de nouveaux termes, défiant la prise de parole traditionnelle des dirigeants et des politiques.

Exit le bain de culture classique, mâtinée de citations grecques et latines, qui a formé des générations d'élites issues de l'ENA, ENS, X, des Ponts et Chaussées… Et bienvenue aux cultures protéiformes, où la parole d'un influenceur sur Instagram ou TikTok, mise en scène de manière créative et décalée, a pris progressivement autant de poids que celle d'un dirigeant sur l'estrade d'une convention. Ce qui offre, *a contrario,* une longueur d'avance, aux plus jeunes, qui maîtrisent ce langage tech, mais qui doivent également savoir converser dans les deux « langues ». Le journaliste Gilles Leclerc, passé par la présidence de Public-Sénat mais aussi France 2, RMC, RTL, insiste sur le poids écrasant des réseaux sociaux. Ces derniers sont devenus le lieu d'une conversation mondiale permanente entre les marques et les consommateurs et sont souvent source de contenus émotionnels à dominante négative. Les grands patrons actuels ne peuvent plus s'offrir le luxe de les ignorer : « Les dirigeants comprennent que n'être pas présents dans l'espace public est une erreur. Les temps ont changé, le dirigeant n'est plus la seule source d'information. À ce titre, le grand bouleversement a été l'émergence des réseaux sociaux, où la parole d'un influenceur a la même valeur que celle d'un dirigeant et où tout se vaut. »

Des exemples ? Arrivée première chez les 25-34 ans lors de la campagne des législatives de 2024, la liste de Jordan Bardella, président du Rassemblement national, peut dire merci à TikTok, le réseau social préféré des jeunes. Durant la campagne, les vidéos du chef du RN ont enregistré des millions de vues. En riposte, Squeezie, l'influenceur qui compte près de 19 millions d'abonnés mais se fait très rare dans les médias, a appelé le 14 juin sur Instagram à ne pas voter pour le Rassemblement national. En trois jours, son message a été liké près de 2 millions de fois. Immédiatement, le président du RN (730 000 abonnés sur Instagram) lui a répondu sur le terrain numérique via un message posté sur le réseau social. : « Depuis plusieurs heures, des multimillionnaires répondant à la très noble profession d'influenceur s'engagent "apolitiquement" contre des millions de Français. »

Qu'en conclure sinon que la « scène » des réseaux sociaux est en passe de voler la vedette aux plateaux traditionnels des grands meetings, avec l'usage d'autres mots, d'autres formats et d'autres espaces-temps ? Impossible, dans ce contexte, pour les dirigeants actuels, de faire l'impasse sur ce qui s'apparente à une révolution technologique et culturelle radicale. Même si la maîtrise de l'expression orale demeure l'impératif prioritaire.

Éviter d'être hors-sol

Il s'agit donc de bâtir des stratégies de prise de parole différentes, en phase avec notre époque. Plus que jamais, l'affirmation « la star, la vedette, l'interlocuteur majeur, c'est le public ! » prend toute sa force. Ce public peut être tout à la fois un salarié, un consommateur et un électeur qui ne s'est pas privé, lors des dernières élections européennes, de dénoncer la parole hors-sol, coupée des réalités quotidiennes des Français, des élites qui le gouvernent. Nous y reviendrons dans le chapitre 3, « Le public veut qu'on s'intéresse à lui ».

D'autant que les auditeurs n'attendent plus seulement du manager la parole stéréotypée des années 1980-1990. Le souci actuel du consommateur est non seulement une transparence absolue sur les impacts environnementaux de l'entreprise dont il achète les produits, mais aussi l'apport de preuves concrètes de cet engagement. Le *greenwashing*, pratiqué assidûment par les entreprises et leurs communicants dans les années 1990/début des années 2000, est tout simplement devenu inaudible.

« Il est hors de question, aujourd'hui, de parler d'automobiles sans parler d'environnement », cite, à titre d'exemple, Nicolas Boudot, vice-président International de TBWA Worldwide, maison-mère de TBWA Corporate. « Si l'on cherche à compenser l'empreinte carbone, le côté "je suis une entreprise qui pourrit la planète, mais regardez, je plante un arbre !" passe de moins en moins bien auprès des gens, même s'il y a encore beaucoup de pédagogie et de progrès à faire », indique Nathalie Renaudin, directrice des Affaires publiques d'Edenred.

S'adapter à son public

De quoi amener les dirigeants comme les cadres supérieurs et moyens, et les salariés qu'ils forment, à revoir, actualiser et nuancer en permanence leur copie, en gardant constamment à l'esprit le profil et les préoccupations immédiates du public auquel ils s'adressent – augmentations salariales et donc du pouvoir d'achat, évolution de la carrière des seniors, intéressement, engagements RSE (responsabilité sociétale des entreprises)… – en faisant preuve d'empathie. « Pendant très longtemps, on a dissocié la forme et le fond de la prise de parole, alors qu'il faut les reconnecter. Apprendre à respirer, ménager ses silences, c'est la base, mais ça ne suffit pas, surtout aujourd'hui. La bonne question à se poser est plutôt : quelle est l'audience face à moi ? Comment vais-je entrer en résonance avec elle ? », reprend Adilson Borges, qui pointe l'importance du *storytelling*, comprenez par-là « l'art de raconter une histoire », pour apporter un supplément d'émotion – et donc d'impact – au message destiné à « embarquer » l'auditoire. À lui donner l'envie d'aller décrocher la lune pour son entreprise. Ce qui amène Stéphane Voyer, Chief HR Officer, Groupe Edmond de Rothschild, à confesser : « Avant de me former, il m'était arrivé de communiquer sans me préoccuper de l'aspect qualitatif de mon discours. J'avais une prise de parole très structurée, où l'enjeu était d'abord d'être à la hauteur, qu'il s'agisse d'un séminaire, d'une présentation de résultats financiers ou du lancement d'un produit. Or le dirigeant doit prendre conscience qu'il a face à lui un auditoire distinct de lui et qu'il est nécessaire de s'adresser à lui spécifiquement. Ne plus être là que pour délivrer un message mais chercher l'impact. »

C'est donc en salarié débutant, sortant de sa zone de confort ordinaire, que le dirigeant du « monde d'après » doit aborder ces mutations radicales. Le voilà bien obligé de les digérer, d'apprendre à les appliquer avant de les intégrer dans la stratégie de l'entreprise. Sinon, il est *dead*, professionnellement parlant et selon les termes de la GenZ (génération Z). S'adapter, survivre ou disparaître. Il n'empêche, face au changement, le voilà comme un jeune diplômé, avide de bien faire, mais commettant des fautes de débutant. Un cas de figure inimaginable il y a encore cinq ans.

Rien d'évident pour autant. Tout d'abord, il y a le poids de notre bagage culturel. Ex Vice Président chez Nike après avoir effectué une partie de sa carrière chez Procter & Gamble, Éric Cuenot dispose d'un atout de poids pour réfléchir à la question : avoir été formé dans deux très grosses entreprises américaines, où la prise de parole en public est quelque chose de naturel. « Nous, nous ne sommes pas aussi équipés que les Anglo-Saxons à nous exprimer en public. Peu de chose dans notre culture, notre religion et notre éducation nous prépare à cela, analyse-t-il. Or il est devenu encore plus important de savoir s'exprimer. On ne peut pas développer son business si l'on ne parvient pas à motiver les équipes de la GenY (nées entre 1981 et 1995) et de la GenZ (nées entre 1996 et 2010). » Des générations singulières et différentes qui attendent « beaucoup plus de sens dans ce qu'elles font. Elles ne regardent plus le travail comme une fin en soi ni même comme une forme d'accomplissement, mais plutôt comme un moyen qui va leur permettre d'obtenir ce qui est important pour elles. Les jeunes ne veulent plus travailler 12 heures par jour. Il faut donc les inspirer et les motiver. Le rôle du leader a fondamentalement évolué, avec une montée en puissance de l'importance des *soft skills*. Ces compétences dites douces que les entreprises s'arrachent, comme la curiosité, l'autonomie ou la communication », poursuit Éric Cuenot.

PRÉJUGÉ N° 2 : « IL SUFFIT DE BIEN PARLER POUR EMBARQUER SON PUBLIC »

Les personnes qui sont convaincues de la force du « bien-parler » et des jolies phrases aux consonances littéraires sont, en règle générale, les mêmes qui estiment que l'aisance sociale et des études poussées et prestigieuses constituent le sésame magique pour embarquer un auditoire ou, plus simplement, séduire son interlocuteur. Le capital culturel et social de l'orateur suffirait donc à en faire une personne charismatique et « embarquante ».

Tout n'est pas faux dans cette affirmation. La richesse de vocabulaire et l'aptitude à trouver le mot le plus juste, le respect de la syntaxe, l'habitude des interactions sociales facilitent la prise de parole. Mais c'est loin d'être suffisant. Se retrouver sur une estrade devant 300 personnes, qui ne sont pas venues là forcément par plaisir ou par curiosité, n'a pas grand-chose à voir avec une conversation amicale et détendue menée dans un salon ou sur un parcours de golf, avec des personnes issues du même milieu culturel ou social et se comprenant à demi-mot. Dans le premier cas, il s'agit de convaincre, d'émouvoir, d'embarquer. Dans le second, d'échanger, rien de plus.

La prise de parole est un sport, voire une gymnastique. Et comme tout sport, elle obéit à des règles bien précises : gestuelle, posture, gestion du regard comme de la parole et des silences, sens de la formule qui claque, des métaphores et du *storytelling* qui retiendront l'attention de l'auditoire. Tous ces éléments se préparent et se travaillent, comme nous le verrons plus en détail dans le chapitre 2, « Parler en public n'a rien d'un don inné, c'est un SPORT® ».

Car, quitte à choquer, j'affirme que contrairement à ce que l'on peut lire ici ou ailleurs le don d'éloquence est rare, tout comme l'aisance ou le charisme. Il suffit de regarder les premiers meetings de John Fitzgerald Kennedy pour en prendre conscience.

JFK ou une ascension médiatique réussie

Les fées s'étaient penchées sur son berceau. Il avait grandi dans une famille fortunée et, à l'apogée de sa carrière politique, son père avait occupé le poste d'ambassadeur des États-Unis en Grande-Bretagne. Son éducation avait été soignée, depuis la Choat Rosemary Hall, l'une des meilleures écoles privées du Connecticut, jusqu'à la London School of Economics (LSE), puis Princeton et Harvard. Enfin, il était beau, un facteur d'inégalité supplémentaire, qui aurait dû lui donner un surcroît d'assurance personnelle et lui a apporté, sur l'instant, un tableau de chasse (féminin) impressionnant. L'été, il pratiquait le yachting non loin de la propriété de Hyannis Port ; l'hiver, il rejoignait l'autre résidence secondaire, à Palm Beach, en Floride. Bref, l'évidence de la fortune et de la réussite le berçait dès sa naissance. Et les premiers meetings politiques de John Fitzgerald Kennedy n'auraient dû être que de simples répétitions avant les véritables affrontements verbaux. Mais au lieu de cela, on le découvre en 1946, alors qu'il cherche à remporter la primaire démocrate pour devenir représentant du Massachusetts, face à une assemblée d'ouvriers et de dockers. Il est timide, cherche ses mots. Sa voix est hésitante et haut perchée, ses vêtements trop larges. Il lui faut s'exprimer devant de larges auditoires, serrer les mains dès l'aube à l'entrée des usines et des docks, lever le coude dans des tavernes enfumées. Surtout, il a face à lui des hommes qu'il n'a jamais côtoyés dans son quotidien et auxquels il ne sait pas comment s'adresser.

Parfaitement conscient du problème, JFK ne cessera, à compter de là, de travailler avec méthode ses prises de parole et sa maîtrise des médias de masse, jusqu'à devenir l'exemple même de l'homme politique solaire, empathique et charismatique. À ce titre, son fameux duel télévisé avec Richard Nixon – une première historique – du 12 septembre 1960 pour la présidentielle, est entré dans la mythologie. Le débat va se révéler un véritable carnage politique pour Nixon. Politicien chevronné, sûr de son expérience, il n'a quasiment rien préparé, là où Kennedy a passé plusieurs jours avec toute une équipe de professionnels aguerris. Mais surtout, le candidat républicain est trahi par sa gestuelle, son langage corporel. Sur le petit écran de la télévision, Nixon apparaît nerveux, des gouttes perlent sur ses joues, une lumière souligne une barbe de trois jours, quand Kennedy, après un week-end (studieux malgré tout) à Hyannis Port, arbore le teint bronzé d'un homme en pleine santé. Au final, si JFK sort vainqueur de la confrontation puis de l'élection, le grand gagnant est le média télévisé, que tout homme politique, puis tout dirigeant, devra désormais savoir gérer et maîtriser.

Son discours d'investiture en janvier 1961, coécrit avec Ted Sorensen, l'un des membres de l'équipe d'experts (économistes, intellectuels, universitaires...) dont il a appris à s'entourer, achève de construire le mythe. Remarquablement ciselé et concis, ce discours ne tient qu'en 1364 mots... et une phrase clé, dénichée par Sorensen dans les écrits du poète et peintre libanais Gibran Khalil Gibran (1883-1931) : « Ne vous demandez pas ce que votre pays peut faire pour vous. Demandez-vous ce que vous pouvez faire pour votre pays. » Un texte bref, une formule mémorable qui interpelle directement son public, le tout prononcé en treize minutes et retransmis en couleur, à la télévision, dans un froid glacial (- 10 °C) par un président en complet-veston, tête nue. Cette fois-ci, JFK a tout compris de la prise de parole, de l'importance du contexte, du poids de chaque mot.

Plus tard, ce seront le général de Gaulle, François Mitterrand, Élisabeth II que l'on verra tâtonner avant de parvenir à dominer l'exercice de façon spectaculaire.

Inversement, un président comme Valéry Giscard d'Estaing, polytechnicien et énarque, ne parviendra jamais à trouver la « bonne » façon de communiquer. Son intelligence hors normes est pourtant servie par un talent oratoire qui marque les esprits. Il est aussi l'un des premiers à mettre en avant la nécessité de construire l'Europe et impulse des révolutions sociétales majeures (dépénalisation de l'IVG, abaissement de la majorité civile à 18 ans, introduction du divorce par consentement mutuel, fin de la tutelle de la télévision publique...) dès le début de son mandat en 1974. Mais bientôt, on lui reproche ses manières aristocratiques et distantes, tout en brocardant ses maladroites tentatives pour apparaître plus proche, plus humain - jouant de l'accordéon, petit déjeunant à l'Élysée avec des éboueurs, dînant dans la « France profonde ». Le côté factice - ou jugé comme tel - de sa communication embarrasse. Et lorsque éclate l'affaire des diamants de Bokassa, on met en doute son intégrité. Au lieu d'organiser sa riposte via une prise de parole, il n'oppose qu'un silence méprisant aux révélations du *Canard enchaîné* : pas question de s'abaisser à présenter des justifications. « Son problème, c'est le peuple », avait tranché Georges Pompidou. Autant d'éléments qui contribueront à sa défaite à la présidentielle de 1981.

Ni son éducation, ni son intelligence, ni sa maîtrise des « réseaux » ne lui auront permis de trouver la « bonne » tonalité, à la différence d'un Jacques Chirac, dont la chaleur humaine et la proximité séduisent les Français, ou d'un François Mitterrand coaché par le réalisateur et documentariste Serge Moati, qui lui a appris à décocher habilement ses coups de griffe. À quelques éléments près, on peut retrouver bien des points communs entre le rejet dont ont fait l'objet la communication puis le personnage de Valéry Giscard d'Estaing et celui subi par l'énarque Emmanuel Macron, jugé narcissique, élitiste et hors-sol avec son ambition affichée de faire de la France une « *start-up nation* ».

La morale de l'histoire va donc à l'encontre des clichés dominants. Certes, la parole révèle immédiatement, par le choix des mots, la construction des phrases, les références utilisées, d'où l'on vient... Elle est un marqueur social redoutable. Mais utiliser les « bons » mots n'est pas suffisant pour emporter l'adhésion, embarquer son public lorsque l'on n'a pas établi une méthode, un process à respecter. Au mieux, la maîtrise de l'éloquence verbale permet de franchir les premiers obstacles, mais pas plus. Construire une prise de parole articulée s'avère un exercice autrement plus acrobatique. À ce jeu, deux éléments prédominent :

1. D'abord éviter de se noyer dans un flot de phrases et d'analyses partant dans tous les sens pour **dégager un fil rouge** qui constituera la colonne vertébrale de votre prise de parole, même s'il s'agit d'une critique sur le dernier Prix Goncourt ou le dernier match du Real Madrid, où Mbappé n'a pas réussi à mettre un but !

2. Et en second lieu, **marquer « l'entrée » et la « sortie »**, soit le début et la fin de votre prise de parole. On a trop tendance à l'oublier, tout « fait signe » dans une prise de parole, tout est communication, y compris « l'avant » et « l'après ». « Avant même que l'on ne parle, il y a cette "entrée" qu'il faut réussir – un vrai truc que j'ai appris – et les gestes d'ouverture qu'il faut oser effectuer », relève Flavien d'Audiffret, CEO du groupe THOM (Histoire d'Or, Marc Orian, Agatha...). Tout comme la conclusion, le sourire d'adieu, qui sont eux aussi des éléments fondamentaux. Bref, ne rien négliger.

PRÉJUGÉ N° 3 : « POUR VIVRE HEUREUX, VIVONS CACHÉ »

Il est vrai que pendant des années, éviter de prendre la parole, d'encourager la communication interne comme de donner des interviews a été une règle d'airain pour de nombreuses entreprises – comme le groupe Lactalis, propriété de la famille Besnier, fondé en 1933, ou l'association familiale Mulliez (Auchan, Leroy Merlin, Decathlon...), voire les lessiviers américains Procter & Gamble et Colgate, qui ont longtemps cultivé le culte du secret et évité les interviews. Mais aujourd'hui, les dirigeants comme les cadres supérieurs n'ont plus le choix : ils doivent savoir communiquer. Pire, refuser de s'exprimer menace l'entreprise.

Refuser de communiquer = danger pour l'entreprise

Une grande société doit désormais pouvoir être identifiée grâce aux propos marquants de son dirigeant. Celui-ci a le devoir d'incarner le leadership comme les valeurs et la stratégie de son groupe. Et ce, depuis les prises de parole de ses managers proches et ses salariés, jusqu'aux journalistes qui répercuteront dans la presse nationale des propos plus tard lus et commentés par les cadres et salariés du groupe – lesquels retireront de la fierté de voir leur entreprise ainsi mise en avant et l'évoqueront autour d'eux – en passant par les interventions durant les conventions.

Même le plus brillant des étudiants ne franchira pas le stade du premier entretien dans un processus d'embauche s'il n'est pas capable d'être courtois, de sourire en arrivant et d'évoquer ses objectifs de manière structurée, sans arrogance ni timidité, en contrôlant sa gestuelle et son langage corporel. Il devra avoir pris le temps de construire en amont son exposé, d'anticiper les questions qui en découleraient et de s'être suffisamment renseigné sur l'entreprise AVANT l'entretien pour poser les bonnes interrogations sur ses ambitions.

Savoir s'exprimer n'est donc plus une option mais un enjeu clé et un impératif non négociable, quelle que soit votre place dans l'entreprise – et de manière plus générale dans l'échelle sociale.

Des virages nécessaires… et réussis

Emmanuel Besnier, président du groupe Lactalis, a entamé le sien. Dans son étude 2023 sur la communication avec la presse des entreprises du CAC 40, réalisée par VcomV, cabinet en communication *corporate*, on relève ce commentaire de plusieurs journalistes économiques et financiers sur le dirigeant : « Son retournement d'image est assez stupéfiant : hier, c'était l'homme invisible qu'il fallait aller traquer à Laval ; aujourd'hui, c'est le patron qui reçoit des journalistes à déjeuner et qui fait des voyages de presse avec eux. Il a bien compris qu'il avait trop à perdre à garder la porte fermée. »

Et ce n'est pas tout à fait un hasard si des entrepreneurs des Hauts-de-France, dont l'association familiale Mulliez, détentrice d'Auchan, Leroy Merlin ou Decathlon, ont appelé le 24 juin les Français à soutenir aux législatives des 30 juin et 7 juillet les candidats « qui portent des messages de confiance, de coopération et de responsabilité », afin de garantir la « stabilité » de l'économie du pays. « Les risques engendrés par les élections législatives du 30 juin et 7 juillet 2024 sont considérables », écrivent ces entrepreneurs dans une tribune transmise à l'AFP. Or, « pour se développer et créer de la richesse, une entreprise a besoin de stabilité, d'avoir foi en l'avenir ». Bref, en creux, mieux vaut éviter de voter pour les extrêmes. Après des années d'abstinence médiatique, l'énigmatique famille Mulliez est sortie de son silence pour marteler ses valeurs.

Six mois auparavant, le 10 janvier, Thierry Cotillard, président du groupement Les Mousquetaires (Intermarché, Netto, Bricomarché, Bricorama...), s'était déplacé sur le plateau du magazine d'infodivertissement *Quotidien*, animé par Yann Barthès et diffusé en *prime time* sur TMC (TF1 Groupe), pour détailler et expliquer sa stratégie. Une émission grand public, connotée jeunes et CSP+, où se côtoient artistes, stars du rap comme sociologues et politologues, plutôt que l'ordinaire plateau du JT de 20 heures ou des chaînes d'info en continu. Alors qu'Intermarché s'apprêtait, avec Auchan, à racheter 313 magasins à son rival malheureux Casino, Thierry Cotillard a choisi de s'adresser, via cette émission *mainstream*, à un certain nombre d'interlocuteurs : les salariés de son groupe qui regardaient l'émission, bien sûr, soucieux de savoir ce qu'ils gagneraient – ou perdraient – dans cette acquisition ; mais aussi ceux des magasins Casino concernés, qui devaient s'inquiéter du maintien de leur emploi ; et enfin, de façon plus large, les clients des deux enseignes. Pas question pour la filiale des Mousquetaires d'apparaître au grand public comme une entreprise prédatrice et mercenaire. En résumé, il fallait, en l'espace de dix à quinze minutes, expliquer, justifier et rassurer trois publics différents, tout en confortant la bonne image de l'entreprise. Un exercice acrobatique, a priori, et qui suppose un apprentissage préalable. Thierry Cotillard a passé l'obstacle sans encombre : il a été clair, souriant, convaincant avec des mots simples et brefs.

Le 18 décembre précédent, Xavier Niel, fondateur d'Iliad (Free), de Station F et actionnaire, entre autres, du *Monde*, était venu parler sur le plateau de l'émission d'infodivertissement *Quelle Époque!* de son activité industrielle… mais aussi de lui, de son passage en prison, de la perte très récente de son père qui lui arrachait une émotion non feinte. Autant de sujets qui pouvaient prêter à dérapage ou faire l'objet de commentaires féroces sur les réseaux sociaux. Mais un instant, le grand patron des télécoms et des médias a fendu l'armure. S'était-il préparé ? Probablement. On ne parvient pas à ce stade de responsabilités sans beaucoup de travail et d'anticipations. Mais la séquence a semblé spontanée.

Pour autant, jouer le jeu de la transparence et ne pas brider ses émotions au risque de trahir une vulnérabilité inattendue constituent des ruptures éprouvantes pour les adeptes de la parole rare. « Autrefois, le secret innervait le corps social », écrit la sociologue Céline Bryon-Portet dans son étude sur

« La culture du secret et ses enjeux dans la Société de communication » (revue *Quaderni*). « Dans la Grèce antique, on louait la sagesse des oracles, qui révélaient et celaient tout à la fois des vérités secrètes dans la démocratie athénienne, complétant harmonieusement et dialectiquement le jeu de la transparence au lieu de s'opposer à elle. [...] L'exercice du pouvoir revendiquait clairement l'opacité – "Qui ne sait pas dissimuler ne sait pas régner", affirmait-on. [...] Mais l'avènement de la modernité, marquée par le développement de cet "espace public" et par l'essor conjoint des *mass media* puis des TIC (technologies de l'information et de la communication) a opéré une inversion des valeurs et sonné le glas du secret, décrit-elle. D'un point de vue culturel, il se dissipe progressivement au profit d'un droit à l'information. » Une bonne e-réputation est à ce prix.

Transparence = honnêteté

D'où la nécessité, pour les dirigeants, de savoir gérer la diffusion de cette information auprès de leurs managers, leurs collaborateurs, comme auprès du parterre des analystes financiers au moment de la publication des résultats et des journalistes économiques, sans stress ni obstruction systématique dans une société de la transparence.

Après avoir été jugé comme une preuve de sagesse pendant des décennies, se taire devient suspect. À ce titre, la révélation de son cancer par le roi Charles III a été saluée dans le monde entier comme une marque de transparence et d'honnêteté, qui tranchait, de façon salutaire, avec le silence de ses prédécesseurs. À l'inverse, l'absence de communication sur l'opération, la longue convalescence, le retrait de la vie publique et enfin la photo retouchée de la princesse de Galles, Kate Middleton, future reine d'Angleterre, ont été qualifiés de

PR disaster (public relation disaster), tant elles ont entamé la confiance envers le couple héritier et amplifié les théories de complot liées au manque d'information. Le 22 mars 2024, l'intervention sobre de la princesse pour annoncer être atteinte à son tour d'un cancer et avoir débuté une chimiothérapie, a clos les théories complotistes. Même si rien n'a été dévoilé sur la nature de ce cancer, un mot d'ailleurs encore tabou dans les annonces nécrologiques. En revanche, toute sa démarche de communication a été effectuée de manière millimétrée, depuis le choix des réseaux sociaux pour diffuser la vidéo, jusqu'à la sélection de sa tenue : ni chapeau, ni tailleur chic mais une très sobre marinière et des cheveux longs lâchés, qui en ont fait, l'espace de quelques minutes, une « Anglaise ordinaire » atteinte d'un cancer comme nombre de ses compatriotes, s'adressant à tous les Britanniques avec lesquels elle a partagé l'expérience de son combat. À son corps défendant, la famille royale a été contrainte de se souvenir qu'elle était une entreprise source de gigantesques royalties, certes peu ordinaire, mais sommée de gérer son image, comme toutes les entreprises. Le fait que la famille royale soit surnommée « *The Firm* » n'a rien d'un hasard !

La fin de l'orateur omniscient

Ainsi, refuser de s'exprimer et de prendre la parole sur un sujet donné a pu payer dans l'« ancien monde », celui des canaux classiques – que ceux qui dominaient un système médiatique *top-down* pouvaient maîtriser tout au long de sa chaîne. Un monde où Internet n'existait pas, et où, *a fortiori*, l'écosystème complexe des réseaux sociaux, fondé sur l'immédiateté mais aussi « les bulles filtrantes » – qui permettent de suivre ceux qui sont d'accord avec vous, à l'exclusion des autres, et ainsi de ne plus rencontrer de réalité neutre –, n'avait pas encore fait irruption. Le dirigeant se situait face à une parole qu'il était possible de contrôler, aucune *fake news*, aucun troll (des personnes qui adorent, en ligne, provoquer autrui et susciter des polémiques), aucune infox ne venant la parasiter, voire tordre la vérité. Certes, certains médias pouvaient attaquer une entreprise privée mais l'émetteur était toujours identifiable, localisable et donc atteignable, voire vulnérable. Mais « *Times, they're changing* », comme le chantait Bob Dylan.

Temps médiatique, temps émotionnel et temps juridique

Aujourd'hui, non seulement les réseaux sociaux mais également la montée en puissance de l'intelligence artificielle ont démesurément élargi cet écosystème. Tout comme le risque que des informations erronées ne circulent sur les grandes entreprises privées. Pour certains observateurs, le troll mondial le plus puissant serait même devenu Elon Musk, patron de Tesla mais aussi du réseau social X (ex-Twitter), qui crée le buzz et sème la confusion sur les cours de Bourse via ses tweets à répétition.

Surtout, les réseaux sociaux ont brisé la forme de diffusion traditionnelle des contenus médiatiques. Le 27 juin 2024, un quart d'heure à peine après avoir déclaré sur BFM-TV qu'un membre du gouvernement ne pouvait pas être binational car cela posait un « problème de double loyauté », citant l'exemple de l'ancienne ministre de l'Éducation nationale, Najat Vallaud-Belkacem, Roger Chudeau, député sortant RN du Loir-et-Cher, faisait machine arrière en assurant sur X : « La position que j'ai exprimée au sujet de Madame Vallaud-Belkacem sur BFM-TV est un avis strictement personnel et n'engage nullement le Rassemblement national. » Lequel parti s'est immédiatement désolidarisé par la voix de Marine Le Pen. D'où l'analyse du journaliste Gilles Leclerc : « L'autre phénomène très important est l'accélération du temps. Dans un environnement de plus en plus brutal, tout le monde attend des réponses de plus en plus rapides, alors que les réalités sont complexes dans un monde médiatisé et que les dirigeants ne sont pas forcément outillés pour répondre dans l'instant. Il ne faut jamais oublier qu'il y a le temps médiatique, le temps émotionnel et le temps juridique, et qu'ils ne sont pas identiques. »

À RETENIR

Ce n'est pas parce que vous maîtrisez bien votre sujet que vous allez bien en parler ! **Embarquer un public demande de la méthode.**

POUR PROGRESSER

★ Lorsque vous prenez la parole, **demandez systématiquement à être filmé** puis visionnez votre intervention en faisant votre autoanalyse :

- Est-ce que pour moi, la forme est importante ? Quelle place je donne à la forme vis-à-vis du fond ?

- Comment est ce que je me suis préparé ? Est-ce que je m'appuie sur des outils ou une méthode ? Est-ce que je soigne plus le fond, la forme ou le format ? Ou les trois ?

- Est-ce que communiquer est un problème pour moi ? Est-ce que je prends du plaisir dans l'exercice de la parole ? Si je redoute l'exercice, pourquoi ? Quelles sont les émotions qui me traversent ?

- Est-ce que j'ai la sensation que mon public m'écoute ? Est-ce que je perçois quand mon auditoire a décroché ?

★ **Observez et analysez vos proches** ou des personnalités qui prennent la parole :

- Qui sont vos exemples et pourquoi ? Qu'auriez-vous envie de leur emprunter ?

- A contrario, quelles sont les prises de parole que vous avez trouvées ratées, et pourquoi ?

CHAPITRE 2

ADOPTEZ LA MÉTHODE SPORT®

À l'âge de 23 ans, en 1897, Winston Churchill tordait le cou avec une joie manifeste au fameux cliché de l'art oratoire inné dans son premier essai sur le sujet, intitulé « La charpente de la rhétorique » : « Il semble que les plus beaux discours de la langue anglaise partagent certaines caractéristiques… Le pouvoir rhétorique n'est jamais ni entièrement inné ni entièrement acquis, mais cultivé. Le tempérament et les talents de l'orateur sont par essence propres à chacun, leur développement est encouragé par la pratique. L'orateur est réel. La rhétorique est en partie artificielle… Avant de pouvoir leur tirer des larmes, il faut qu'il fasse couler les siennes. Pour les convaincre, il faut lui-même qu'il croie. Il lui arrive souvent d'être inconséquent. Il n'est jamais insincère. »

Être un bon orateur n'a rien d'un don inné et mystérieux qu'une bonne fée nous aurait délivré au berceau… Communiquer, avoir une prise de parole impactante qui laissera une trace dans l'esprit du public, parvenir à « embarquer » son équipe en suscitant son adhésion et une furieuse envie de suivre son manager, toutes ces performances ne relèvent en rien d'un art, et encore moins d'un don. D'ailleurs, la personne qui va prendre la parole n'est pas censée être un tribun enflammé, pas plus qu'un avocat enfiévré. Elle doit, au contraire, posséder une compétence acquise en travaillant. Ce qui demande plutôt de la sueur – et parfois quelques larmes — qu'un talent et un charisme innés. Dites-vous que vous allez souffrir mais que la personne en face bénéficiera de vos efforts ! Oubliez, une bonne fois pour toutes, le romantisme attaché au fameux art oratoire pour vous concentrer plutôt sur l'application d'une méthode cartésienne et rationnelle, s'appuyant sur plusieurs leviers.

En règle générale, à ce moment précis, plusieurs voix s'élèvent pour dire : « Oui, mais j'ai déjà suivi un coaching en prise de parole avec un comédien. Donc je sais ce qu'il faut faire », ou encore « J'ai déjà suivi un média training avec un journaliste, je suis armé ! » Encore des idées fausses ! Les coachs, qu'ils soient comédiens ou journalistes, ne s'appuient pas sur une méthode : ils donnent leur « opinion », qui n'est que celle d'une personne unique, se fondant sur sa propre expérience, généralement limitée, par nature, et souvent orientée par les techniques enseignées au théâtre. Il en est ainsi de la prestation étonnante, déroutante, pour ne pas dire catastrophique de Valérie Pécresse, présidente du conseil régional d'Île-de-France et candidate LR à la présidentielle de 2022. Briefée par un acteur de théâtre, elle a offert un discours aux accents enflammés et lyriques, assez proche de la prestation d'un Louis Jouvet dans *Quai des Orfèvres* (1947) ou d'Harry Baur dans *Crime et Châtiment* (1935). Autant dire une prestation très datée, et surtout très éloignée de la personnalité tout à la fois discrète, classique et enjouée que lui connaissait le grand public.

LA MÉTHODE SPORT®

Combinant cinq leviers, la méthode SPORT®, que nous avons créée, associe fond, forme et format, en veillant à ce que la démarche soit empreinte d'empathie depuis l'entrée dans la salle de réunion (ou l'entrée sur la scène, sur un plateau télé ou dans le café où un journaliste de presse écrite vous a donné rendez-vous) aux derniers mots et à la poignée de main finale.

SPORT® est un acronyme dont chacune des lettres renvoie à un levier précis, qui doit être actionné avant de prononcer les premiers mots ; en effet, nous avons observé que la façon dont une personne commence sa prise de parole conditionne l'ensemble de celle-ci. C'est une excellente nouvelle, car cela démontre l'importance qu'il faut donner à ces premiers instants et la bonne manière de les contrôler. C'est le propre de SPORT®, dont voici la signification :

- **S comme SOURIRE**. Il ouvre la séance et démontre le plaisir de s'adresser au public, qui est la star. Pour vous qui parlez, c'est la moindre des politesses ; quoi de plus grossier que de faire la tête alors que vous êtes face à une star ? Le sourire se décide. Coluche disait : « Vous n'êtes pas responsable de la tête que vous avez, mais vous êtes responsable de la gueule que vous faites. » Forcez-vous donc à sourire avant de prononcer vos premiers mots.
- **P comme PIEDS**. Des pieds posés sur le sol, solidement ancrés, démontrent votre stabilité. Aussi étonnant que cela puisse paraître, vous prenez la parole avec vos pieds. Chez Whistcom, on parle de la « prise terre ». Si vos pieds ne sont pas solidement accrochés au sol, il y a peu de chances que les mots soient percutants, que vous soyez debout ou assis. C'est une règle fondamentale souvent méconnue des dirigeants, qui pensent que pour remplir l'espace, il faut beaucoup s'agiter. En plus de donner le tournis à ceux qui les écoutent, cela les fait perdre en efficacité et dilue la puissance de leurs mots. Avant

de prononcer vos premiers mots, forcez-vous à ancrer vos pieds au sol et à ne plus bouger.

- **O comme OUVERTURE DES GESTES**. L'ouverture vers l'auditoire figure aussi une ouverture aux questions, voire une manifestation d'empathie. Un peu comme si vous tendiez la main à une personne pour lui dire bonjour, le public ne refusera pas votre main tendue et sera tenu de vous écouter. La bonne nouvelle, c'est qu'une fois que vos pieds sont solidement fixés, cela permet de libérer les mains. C'est physiologique. Le corps a besoin de s'accrocher quelque part et il faut le forcer à le faire au niveau des pieds et non des mains comme il le fait spontanément. Nous verrouillons souvent en autocontact : on se frotte les mains, on se tord les doigts, on joue avec ses bagues… bref, nous envoyons des signes d'inconfort. En accrochant vos pieds, vous allez pouvoir facilement libérer vos mains pour qu'elles libèrent votre parole et votre pensée. C'est exactement comme à vélo : si vous ne voulez pas tomber, il faut mettre en mouvement votre corps, sauf qu'ici, le mouvement est au niveau des mains et non des pieds !
- **R comme REGARD**. Il doit être constamment adressé au public. Si vous êtes en petit comité, tout le monde doit être regardé ; si vous êtes dans une grande salle, ébloui par les projecteurs de la scène, vous devez vous forcer à regarder trois ou quatre points au fond de la salle pour « tenir » visuellement l'ensemble du public. Le regard constitue une forme d'estime et de reconnaissance pour le public. Se sentir « regardé » crée une forme de contact silencieux, qui accroît l'attention. Le regard est aussi du *feed-back* pour vous, orateur. Si vous n'avez pas le retour du public, vous risquez

de sombrer dans un monologue. La seule façon d'installer un dialogue, c'est de regarder, et pas seulement de voir, les gens assis face à vous. Cela vaut pour la prise de parole d'un dirigeant face à ses salariés comme pour celle d'un intervenant s'adressant à des étudiants ou d'un chef de produit expliquant ses objectifs. Il faut capter l'attention et ne jamais la laisser retomber. Évoquant ses romans, Gabriel Garcia Marquez, auteur colombien de *Cent ans de solitude* et Prix Nobel de littérature, expliquait que lorsqu'il écrivait, il cherchait d'abord à hypnotiser ses lecteurs de façon telle qu'ils n'aient jamais envie de refermer son livre. Suspense, rebondissements, apparition de personnages insolites, il s'agissait de tenir le lecteur constamment en haleine. C'est exactement ce que vous devez faire lors d'un entretien ou de l'animation d'une réunion, en croisant le regard de l'autre. La bonne nouvelle, c'est que dans la mécanique du corps, les yeux suivent toujours la main. Si vous ne suivez pas la méthode SPORT® de façon vigilante, vos mains seront souvent accrochées dans la partie basse de votre corps, et votre regard risque d'aller vers le bas et de décrocher du public. À l'inverse, si vous accrochez vos pieds, vous libérez vos mains ; et si vos mains sont libres, vous les tendez vers le public ; et comme vos mains vont vers le public, votre regard suit et s'adresse forcément à lui !

- **T comme se TAIRE**. Il est important de gérer les silences entre les différentes parties du discours, de la prise de parole, afin de souligner l'importance de certains mots. En vous interrompant quelques secondes, le silence appuiera ce qui vient d'être dit et permettra à la personne en face de réfléchir tout en se sentant actrice.

PARLER, C'EST AUSSI APPRENDRE À SE TAIRE

Savoir qu'il faut créer des silences n'est pas chose nouvelle. Ce dont peu de gens ont conscience en revanche, c'est que le silence n'est pas le fruit de la volonté. Vous aurez beau avoir décidé avant votre prise de parole que vous souhaitez l'enrichir de silences, vous n'y arriverez pas.

Depuis que j'ai créé mon cabinet de conseil, j'ai vu défiler des centaines de dirigeants et de cadres par an ; pas un seul ne maîtrisait les silences en débarquant. Nous faisons d'ailleurs une démonstration hallucinante à tous les nouveaux arrivants : quelques minutes seulement après leur première prise de parole, où ils sont censés se présenter, nous leur montrons la vidéo. Et là, les autres participants de la formation – pourtant bienveillants et plutôt preneurs de l'information – ne se souviennent de presque rien de ce que la personne leur a raconté !

L'explication est liée à l'absence de silence. Sans silence, le public n'a pas le temps de prendre et de digérer l'information. Tout ce que vous dites sombre alors aux oubliettes. Mais il faut savoir que le silence est technique et qu'il est le résultat des différentes actions mises en place dans la méthode SPORT®. En libérant les mains, le corps se dote d'un outil redoutable : la baguette de chef d'orchestre. Physiologiquement, le son (c'est-à-dire votre voix) est lié à votre image (c'est-à-dire à vos gestes et votre posture). Vous noterez que :

- Si votre main monte, votre ton remonte et devient engageant.
- Si votre main descend, votre ton redescend et devient monotone (ce qui est le cas quand la méthode SPORT® n'est pas appliquée).

• Dans la même logique, si votre main s'arrête, votre voix s'arrête et vous produisez le fameux silence. Voilà l'aboutissement de la méthode SPORT®. Se taire. Vous souriez, vous accrochez les pieds ; vos pieds sont accrochés, donc vous pouvez libérer les mains ; les mains vont vers l'avant ; votre regard est adressé au public ; vous arrêtez votre geste et vous pouvez facilement « tenir » un silence. Tout est mécanique. Il suffit, encore une fois, d'actionner les clés du moteur que sont les pieds.

Ce travail d'articulation des « outils » que sont vos pieds, vos mains, votre regard et vos silences recèle deux formes d'originalité. Sa première et principale singularité provient du fait que ces outils sont indissociables. Pas question d'en occulter un pour en privilégier un autre ! En mécanique, chaque outil correspond à une étape qui en déclenche une autre. Pensez à un concert, où tous les instruments jouent simultanément pour produire un concerto mémorable. Delphine Haber, experte en stratégie orale qui assume la formation à la méthode SPORT® chez Whistcom, résume cela d'un trait qui a valeur d'injonction : « Ces outils sont complémentaires et doivent être articulés en même temps. » Quant à la seconde originalité, elle est encore plus saisissante, comme nous allons le voir…

DU SPORT® PLUTÔT QU'UN CONCOURS D'ÉLOQUENCE

La méthode SPORT® n'a rien d'un art, elle relèverait plutôt d'un sport. Plus on la pratique (à la machine à café, en réunion, en entretien individuel, lors d'une convention, devant un parterre d'analystes financiers, d'étudiants, son N+1 auprès duquel on doit défendre un projet, une personne inconnue à laquelle votre réseau vous permet d'accéder alors que vous êtes en recherche d'emploi…) et plus on se l'approprie. Exactement comme pour le vélo ou le golf : plus on joue et plus l'on progresse.

Directeur de la création et chef exécutif de la Maison Lenôtre, primé deux fois Meilleur Ouvrier de France, Guy Krenzer ne dit pas autre chose : « J'ai toujours sur moi le petit carnet de la méthode SPORT® qui me permet d'être plus à l'aise, plus décontracté ; la formation m'a donné littéralement une technique, comme au tennis. Alors que je suis souvent questionné par les journalistes sur des sujets polémiques comme les colorants ou la malbouffe, je ne vis plus de situations de panique comme autrefois. Je m'appuie sur les outils de la méthode et je m'attache à faire court, à ne pas me disperser dans des anecdotes… »

Apprenez à appréhender la prise de parole comme un sport d'endurance plutôt que comme un concours d'éloquence. Si vous observez un grand sportif, tout semble facile, comme si son corps bougeait naturellement de cette façon. Mais la réalité, c'est qu'il maîtrise tellement sa discipline que l'aspect technique est devenu invisible aux yeux du public, qui ne voit plus que la performance. Avant d'arriver décontracté en réunion ou sur scène, deux ou trois fiches en main où figureront les thématiques clés de votre discours, et de prendre la parole, un sourire spontané et radieux aux lèvres, il faut bosser ! En sachant que si vous souhaitez devenir un orateur déterminé à s'améliorer, vous allez devoir franchir plusieurs étapes initiatiques avant de piloter votre prise de parole avec virtuosité !

PREMIÈRE ÉTAPE : DÉSAPPRENDRE CE QUE L'ON CROIT SAVOIR

Dans la plupart des cas, les managers présents à notre formation ont déjà effectué des stages de prise de parole et estiment, de bonne foi, maîtriser l'outil qui, de toute manière, repose selon eux en premier lieu sur leur compétence personnelle.

Faux, comme on l'a vu ! « Pour commencer, on doit désapprendre tout ce que l'on croit savoir », pose Delphine Haber. Plus facile à dire qu'à faire. Comme le relève Hélène Derrien, Directrice des Ressources Humaines et de la Communication d'Orano, « la formation nous amène à sortir de notre zone de confort. Le sujet est toujours stressant. »

C'est pourquoi nous recommandons que chaque participant à la formation soit filmé à l'occasion de sa première prise de parole, puis qu'il visionne son retour caméra, commenté par d'autres participants n'appartenant pas à son entreprise. Soyons honnêtes : le tout premier retour TV, le « avant » qui précède le réconfortant « après » s'avère de loin le moment le plus violent psychologiquement de toute la formation.

« J'ai découvert que je parlais trop vite »

Se visionner revient à voir tout ce qui ne va pas : la prononciation hésitante, la prise de parole brouillonne jusqu'aux yeux qui papillonnent ou se ferment, le réflexe de reculer, les mains en autocontact… Pourtant, que l'on se rassure, les autres participants vivent le même « trauma » et le débriefing s'effectue dans une ambiance bienveillante. « En me voyant en vidéo, j'ai découvert que je me dandinais sur mes pieds, que mon regard n'était pas suffisamment appuyé, que je parlais trop vite… Mais parler beaucoup vous protège. On a l'impression de remplir le vide. Le silence est anxiogène. J'ai appris aussi qu'être voûté en avant, recroquevillé sur soi-même, est une manière de se réfugier sur un territoire qui nous protège », confesse Pascal El Grably, cofondateur de CrossKnowledge.

La règle des 55.38.7

Dans le petit livre d'or des sciences cognitives, il existe une règle de base, celle des « 55.38.7 ». Inspirée des travaux effectués par Albert Mehrabian, professeur à l'université de Californie dans les années 1960, elle signifie qu'en situation de prise de parole en public, 55 % du message passe par le visuel, 38 % par la voix et 7 % seulement par le choix des mots. Cela ne veut pas dire que le fond ne compte que pour 7 %. Mais vous devez être béton à 200 % sur le fond car vous n'avez fait que 7 % du boulot pour impacter votre public.

En résumé, **on est d'abord vu avant d'être entendu**. Et la première impression que l'on se fait d'un orateur, avant même qu'il ait prononcé le moindre mot, repose sur son aspect extérieur. Ce qu'il dégage avec son corps, ses mains, sa posture, la manière dont il est habillé… À la fois moderne et énergique comme Carlos Tavares, PDG de Stellantis, ou sophistiquée comme Mercedes Erra, cofondatrice de l'agence de publicité BETC (filiale d'Havas), première sur son marché. À la manière de Karl Lagerfeld, longtemps directeur artistique de Chanel, elle a conçu sa silhouette comme un quasi-logo, la rendant immédiatement identifiable : cheveux platine coupés à la garçonne, minijupe, monture de lunettes noire et talons hauts assumés. Proclamant, mieux qu'un long discours, sa volonté de bousculer les gens et les concepts. Voire se montrer *chill* (comprenez décontracté), à la manière d'Emmanuel Macron, en bras de chemise, sans cravate, s'exprimant de manière spontanée (quoique soigneusement travaillée) sur les mesures à prendre pour le secteur de la culture, en plein cœur de la crise sanitaire. Voire néoétudiant, à la façon de Mark Zuckerberg, lorsqu'en mai 2012, à 28 ans, ce dernier se présente en jean, teeshirt gris chiné et sneakers face à ses futurs actionnaires (eux en costume), au moment de l'introduction en Bourse de son réseau social Facebook. Il lui faudra apprendre à mettre une chemise et nouer un nœud de cravate pour rassurer les investisseurs. Il n'empêche : avec lui et quelques autres talents de la Silicon Valley, un nouveau look est né, *effortless*, synonyme tout à la fois de décontraction et de rigueur dans la conception de ses produits.

Méticuleusement pensée par des dirigeants qui sont également des orfèvres de la communication, chacune de ces silhouettes a été conçue pour envoyer des signaux non-verbaux sur leur énergie, leur état d'esprit, voire leur stratégie à venir. Quitte à parfois cliver et susciter la polémique comme Emmanuel Macron, accusé par certains de ne pas adopter la figure du chef d'État traditionnel. Ou François Hollande, qui se voulait un président « normal » et a été régulièrement chahuté durant son quinquennat pour avoir les poches de pantalon remplies et porter ses costumes trop grands. Un étudiant a même créé avec humour « François, ta cravate ! », un site qui répertorie toutes les apparitions publiques autour desquelles François Hollande porte sa cravate de travers !

Nos silhouettes, nos gestes spontanés peuvent tout autant nous trahir. Notre corps « parle » sans que notre cerveau en ait conscience. Ainsi, les autocontacts (les doigts que l'on croise, les mains que l'on frotte, le bras ou le menton que l'on va toucher machinalement) ou encore notre façon de reculer, une fois sur l'estrade, traduisent une anxiété, voire une forme d'angoisse. Puis interviennent le ton employé, le rythme de la voix, les inflexions plus appuyées. Et enfin, le message lui-même.

Un diagnostic sévère, mais nécessaire pour progresser

Lorsque ce premier diagnostic est posé, il devient impossible de refuser d'admettre que l'on dispose d'une très large marge d'amélioration. « J'ai compris qu'il fallait que j'arrête de bouger mes pieds, que je pense à sourire et surtout, que le contenu du message n'était qu'une petite partie de l'exercice. C'est la manière dont on le fait qui est très importante. Du coup, j'ai voulu que toutes nos équipes fassent la même formation », témoigne Ludovic Pauchard, directeur industriel chez Louis Vuitton. Lui-même amené à devoir prendre la parole plusieurs fois par an devant plus de 1 000 personnes, il avoue qu'il a souvent pratiqué une démarche d'évitement de la prise de la parole, redoutant le stress de l'exercice.

Faire ce constat est une leçon de modestie, d'humilité mais aussi d'encouragement car on ne peut que progresser. La « bonne » communication ou tout simplement la prise de parole « correcte » que l'on s'imaginait avoir s'avère largement insuffisante. Or dans un monde dominé par les images et la communication, il n'y a pas de place pour la médiocrité. D'où l'importance de revoir ce que l'on estimait être ses fondamentaux dans la prise de parole, et d'oublier ce que l'on nous a enseigné. Bref, détricoter… pour mieux retricoter et progresser ! Car, encore une fois, être un bon orateur n'a rien d'un don inné et mystérieux ! C'est de la sueur et parfois quelques larmes, comme ont pu le remarquer les sophro-coachs de Whistcom.

DEUXIÈME ÉTAPE : APPRENDRE DE NOUVEAUX OUTILS

« Après avoir désappris, il faut apprendre de nouveaux outils », indique Delphine Haber, experte chez Whistcom. « Prendre une grande feuille blanche et y inscrire de nouveaux mots d'ordre comme travailler sa gestuelle afin de se révéler plus extraverti, plus chaleureux, en plaçant par exemple ses mains à une certaine hauteur, au niveau du cœur », détaille sa consœur Alice Gingembre, elle aussi experte en stratégie orale chez Whistcom. « En outre, même si en atelier de travail on demande aux participants de forcer et même de grossir le trait, on sait qu'en situation ils auront tendance à réduire d'eux-mêmes ces efforts. » Un exercice acrobatique pour certains managers auxquels on demande une gestuelle très vivante, presque enthousiaste. Soit – très précisément — ce qu'on leur a appris à éviter tout au long de leur enfance, durant laquelle leurs parents leur ont enseigné que discrétion rime avec bonne éducation ; puis au sein des grandes écoles où ils ont étudié, et enfin dans les groupes où ils ont progressé et où l'on n'est pas censé sourire en permanence sous peine de ne « pas faire sérieux ». Surtout lorsqu'on est une femme. « Certaines personnes ont l'impression qu'on leur demande de jouer un rôle, alors qu'en réalité il s'agit de faire en sorte que l'autre reçoive un message fort », reprend Delphine Haber.

Saisir l'importance majeure de la forme reste un « saut » intellectuel et psychologique qui n'est pas forcément évident.

« En France, on est convaincu que le fond l'emporte sur la forme, qu'il s'agit même d'une forme de génie français », analyse Pascal El Grably. Pire, selon Natalie Rastoin, ancienne dirigeante du groupe de communication Ogilvy et membre du comité stratégique de Whistcom : « Certains dirigeants ont le sentiment que le mot "mise en scène" va faire disparaître le fond. » Alors qu'une intervention qui ne « vit » pas est une intervention ratée.

Enfin, rappelez-vous, il y a le format, sur lequel il s'agit aussi de travailler : « Il faut que l'orateur se pose des questions de base : quel est le format qui conviendra le mieux ? Qu'est-ce que je dis ? Comment je le dis ? Sur combien de temps ? ajoute Natalie Rastoin. Le format est le cadre littéral que l'on donne à l'orateur pour s'exprimer. »

TROISIÈME ÉTAPE : SOIGNER SA POSTURE, OU COMMENT MAÎTRISER LA FORME

Les familles de gestes

L'accent va être mis sur deux leviers essentiels : les pieds et les mains. Soit deux outils que les apprentis communicants ont souvent le plus de difficultés à articuler. Pourtant, il est essentiel de mettre l'accent sur les bons gestes dans cette boîte à outils que l'on commence à maîtriser.

On distingue trois grandes familles de gestes :

1. **Les gestes pédagogiques,** qui servent à expliquer clairement ce qu'on dit et qui permettent de prendre votre auditoire « par la main ». Ils comprennent les gestes compteurs (faire 1-2-3

avec ses doigts pour énumérer) et les gestes de positionnement. « Ce sont ceux que l'on utilise le plus car ils permettent de montrer ce que l'on dit, de positionner les choses… Le public présent peut suivre physiquement ce qu'il entend », résume Alice Gingembre. Par exemple, l'orateur peut dire : « D'un côté, il y a les ventes » – et sa main part à droite – « de l'autre, il y a les achats » – et son autre main part vers la gauche.
2. Viennent ensuite **les gestes d'autorité,** qui permettent d'appuyer vos propos. Cette famille comprend le geste de précision (la fameuse bulle d'air entre le pouce et l'index pincés qu'on attribuait souvent à Jacques Chirac), le geste de renforcement (poings solidement fermés manière de dire *Je sais que l'on va y arriver ensemble*) ainsi que le geste tranchant (les mains viennent découper l'air comme pour cadrer vos propos).
3. Pour finir, il y a **les gestes qui expriment le dialogue**, plus impactants encore mais délicats à gérer (le *fake* ne pardonne pas). Cette famille comprend les gestes fédérateurs qui incluent le public (le fameux « tous ensemble ») ainsi que des gestes d'implication, où le dirigeant s'engage et peut aller jusqu'à porter la main à son cœur, dans un élan d'émotion. C'est Emmanuel Macron vibrant et fendant l'armure au Parc des Expositions de Caen, en 2017, lors de sa première campagne présidentielle. C'est Florent Menegaux, patron de Michelin, déclarant dans une interview accordée au *Parisien* il y a quelques mois, que « le salaire minimum en France n'est pas suffisant ». Au risque de fâcher.

« Comme au théâtre, reprend Alice Gingembre, tous ces gestes permettent de "faire exister", de donner une consistance, une épaisseur à des informations abstraites. » C'est toute la différence entre un discours théorique et une prise de parole charnelle, émotionnelle, de celles que l'on retiendra.

Au-delà du choix des mots, le rythme du discours, le corps et la voix jouent donc un rôle déterminant pour donner de l'impact à l'intervention.

Ménager ses silences pour donner du poids aux mots

A priori, qui dit silence au milieu d'une phrase dit – en Occident du moins – « manque », « faiblesse », « faille », « absence », « perte de mémoire » et donc « gêne » et « malaise ». Tout, sauf du positif. Ce qu'Amélie Blanckaert, présidente du cabinet Bureau 121, décrypte dans son livre *Taisez-vous, on vous écoutera. Le Pouvoir du silence* : « Les médias sociaux nous ont transformés en *overtalkers* (comprenez « bavards compulsifs ») et plus on a de l'attention, plus on en réclame, comme une faim inextinguible et gargantuesque. Cette boulimie verbale est la maladie du siècle. » Ce à quoi Pascal El Grably ajoute : « On pense que le silence, c'est la mort, que les gens vont murmurer… J'ai été bluffé que l'on puisse débriefer ces respirations, ce va-et-vient entre paroles et silence »…

Sans surjouer, vous devez essayer d'alterner les ruptures, les mots sur lesquels insister, jouer sur les accélérations et enfin ménager vos silences. Dans un premier temps, certains s'effraient à l'idée de créer, autour de leur message si bien calibré, une dramaturgie qui leur paraît artificielle. Les « Ce n'est pas moi ! », « Ça ne me ressemble pas ! », « Qu'est-ce que l'on va penser de moi ! » fusent dans tous les coins de la pièce. En réalité, nous avons beaucoup de croyances limitantes, qui sont autant de freins à l'expression de notre personnalité.

C'est pourtant la mise en scène de cette dramaturgie qui va **faire vivre le texte** et lui offrir l'intensité nécessaire pour retenir l'intérêt du public – bon nombre de politiciens l'ont très tôt compris. Dans sa biographie de Winston Churchill,

Andrew Roberts raconte comment ce dernier, demeuré dans l'histoire comme l'un des meilleurs orateurs du XXe siècle, « avait confié au chroniqueur parlementaire A. G Gardiner qu'il avait tout bonnement copié la pratique de son père (Sir Randolph Spencer-Churchill, chancelier de l'Échiquier), qui consistait à recourir à des pauses lors de ses discours, voire à fouiller dans ses poches pour y trouver une note dont il n'avait nul besoin, simplement pour retenir l'attention de ses auditeurs ».

Directrice générale internationale chez Guerlain, Sandra Talbot-Arnal estime que cette gestion des pauses est l'un des éléments clés de la méthode : « Le fait d'installer un silence pour ancrer un message est sans doute ce qui m'a le plus marquée dans cette formation, avec la variété de gestes que l'on peut faire pour accompagner la parole. »

Le silence choisi permet aussi de **valoriser ce qui vient d'être dit et ce qui sera dit « après »,** en créant une manière de suspense.

Un silence éloquent

Amélie Blanckaert cite l'exemple devenu historique d'un président de la Poste, qui a marqué l'assistance par un discours précédé d'un silence prolongé à l'occasion d'une importante réunion d'équipe.

« Cinq secondes, dix secondes, trente secondes supplémentaires... Derrière son pupitre, le président demeurait obstinément muet. Trois minutes s'écoulèrent encore, les gens commençaient à tousser, lorsqu'il prit enfin la parole avec une lenteur pleinement assumée : "Mesdames et Messieurs, vous venez de vivre le temps d'attente que subissent en moyenne nos clients chaque fois qu'ils entrent dans un bureau de poste. Vous ne trouvez pas ça... un peu... long?" Plutôt que de brandir des chiffres et des courbes, ce dirigeant avait préféré faire vivre à son public ce que subissaient leurs clients. Jouer la carte de l'émotion, du ressenti... et de l'agacement, plutôt que du raisonnement. S'est ensuivie une révolution copernicienne de l'accueil et du service de la Poste. Le message était passé 5/5. Plus efficacement que n'importe quelle succession de mails et d'injonctions orales! »

Conserver quelques minutes de silence avant de prendre la parole est aussi **une manière de créer l'attention**. Le nom de Whistcom n'a d'ailleurs pas été choisi au hasard : *whist* signifie « Chut, tais-toi » en vieil anglais. Cela peut apparaître paradoxal dans le cadre d'une formation sur la stratégie orale. Alors qu'en réalité il faut saisir que **sans silence, il n'y a pas de prise de parole**. Charles de Gaulle disait : « Le silence est l'arme ultime du pouvoir. » Un bon leader doit en effet apprendre à se taire. Un discours en continu, sans aucune pause, aboutit à une accumulation d'informations que l'auditeur ne peut pas digérer… et donc retenir.

À l'inverse, savoir ménager des silences, faire vivre l'instant en répétant un mot fort, le valoriser en le découpant, jouer sur le volume et le rythme en accélérant à certains moments et en ralentissant à d'autres, relève du grand talent. En un sens, on peut parler du **silence comme de la nouvelle éloquence**.

« Le silence permet d'être moins monotone, reprend Alice Gingembre. Mais surtout, pendant ce silence, cet instant suspendu, quelque chose naît qui rendra l'intervention plus impactante. Nous évoluons dans un monde où le silence est devenu tellement rare que l'orateur crée ici un point de rupture. Alors que le silence est ce qui effraye le plus les dirigeants, il incarne en réalité un ancrage, à condition qu'il soit accompagné du bon geste et du bon regard. La gestuelle doit être rayonnante. »

La lenteur avec laquelle Barack Obama a commencé son discours d'adieu en tant que président des États-Unis le 10 janvier 2017, ménageant de longues séquences de silence pour permettre à son public d'interagir avec lui lors de ce moment d'adieu historique, demeure un exemple inspirant.

QUATRIÈME ÉTAPE : TRAVAILLER LA FORME DU FOND

Ne pas chercher à tout dire

Il est essentiel que les dirigeants – comme les hommes politiques – apprennent à gérer leur trop-plein de paroles comme on leur a enseigné à utiliser les silences. Grand orateur, Georges Clemenceau aimait à répéter : « Le silence est plus difficile à manier que la parole. »

« La chose la plus importante est de faire comprendre aux dirigeants présents que l'essentiel n'est pas de parler sans cesse, d'occuper le terrain, de tout dire, mais plutôt de laisser du temps à l'autre de digérer ce qu'on lui dit en ménageant des silences. Il ne s'agit pas forcément de démontrer que l'on "sait", mais plutôt de mettre ce savoir et ces compétences au service des gens qui l'écoutent. De donner vie à ce que l'on dit, appuie Delphine Haber, qui met l'empathie au cœur du process. Le savoir-faire n'est pas le savoir-être. Il arrive qu'un manager reste bloqué sur l'idée qu'il est l'expert, qu'il doit tout restituer des éléments de sa stratégie à venir ou des slides qu'il présente, et non pas être celui qui va donner à son public l'envie de faire. C'est une erreur. »

Une fois que vous avez saisi comment donner la forme la plus impactante à votre message, **passez à ce que vous pensez le mieux maîtriser : le fond**, là où se loge, croyez-vous, toute votre compétence.

A priori, l'intitulé de ce paragraphe a de quoi vous dérouter. La plupart des coachings sur la prise de parole se concentrent en effet sur la forme, le débit, la posture, la gestion de la respiration ou le langage des mains… À l'inverse, le fond est rarement abordé. La maîtrise des différents éléments qui vont composer l'intervention orale est du ressort du manager et des cadres supérieurs. D'où la réticence des coachs à les challenger sur ce qu'ils ont l'intention de dire et qui représente, d'une certaine manière, leur domaine réservé. Un territoire sur lequel ils ont toute légitimité, toute compétence et ce faisant, toute latitude pour s'exprimer, aussi longtemps qu'ils le souhaitent.

Sur le papier, c'est donc exact. Qui mieux qu'un directeur financier pour expliquer l'évolution de sa marge, de sa rentabilité ou du niveau d'endettement de l'entreprise et à quel chiffre le ramener ? Quel meilleur pédagogue que le directeur marketing pour décrire le produit qu'il s'apprête à lancer, la tranche d'âge et de revenus qu'il cible, l'analyse des produits concurrents et jusqu'au détail des couleurs du futur packaging ? Et quel meilleur spécialiste que la DRH pour détailler le changement de l'organisation des tâches et la mise en place d'une nouvelle organisation du travail ? Réflexe identique pour une personne en recherche d'emploi qui maîtrise, mieux que personne, les différentes étapes de son parcours professionnel, y compris ses creux et ses sommets.

Offrir le maximum d'impact

Donner l'impact maximal à votre message ne s'improvise pas. D'où la nécessité de réfléchir au meilleur moyen de rédiger puis de mettre en bouche votre message pour lui offrir le maximum d'impact. Élémentaire, mon cher Watson ? Sans doute dans les pays anglo-saxons, où dès l'enfance les élèves sont incités à prendre la parole, poser des questions, quitte à commettre des erreurs. Mais pas en France, où la formation scolaire s'effectue de façon quasi exclusive via la lecture et l'écriture, qui permettent au cerveau de structurer sa pensée. Sauf que cette démarche rend difficilement transposable la forme écrite à l'oral : trop longue, trop littéraire, trop alambiquée…

- Avant tout, prenez le temps de **préparer votre discours** en fonctionnant **par séquences**. Deux ou trois jours avant la convention ou la réunion d'équipe, isolez-vous, et après avoir noté sur un plan votre message et les bénéfices qui en découlent pour embarquer votre public, rédigez un premier jet. Sans vous censurer, ni craindre d'être trop long.
- **Réfléchissez bien au début** – « l'accroche » ou « l'attaque », comme disent les journalistes – qui doit capter immédiatement l'attention avant d'embrayer sur l'ensemble. Racontez, par exemple, une anecdote ou révélez des chiffres souvent sous-estimés ou contradictoires.
- **Puis relisez-vous afin de vérifier la logique narrative** de votre discours : pour capter l'attention de vos auditeurs, vous devez leur raconter une histoire, faire du « bon narratif » avec des moments de suspense, des silences délibérés et une fin inspirante.

• N'hésitez pas à utiliser **des phrases imagées,** qui marqueront l'imagination. Churchill, encore lui, usait volontiers des analogies : « Notre présence aux Indes est comme une couche d'huile étalée sur un vaste et profond océan d'humanité pour le protéger des tempêtes ». « Couche d'huile », « océan d'humanité », « tempêtes » : des mots romanesques que l'on croirait tout droit sortis d'un roman d'aventures de Jules Verne. Si le vocabulaire peut sembler obsolète, voire grandiloquent, le procédé, lui, n'a pas vieilli. Il faut offrir des images fortes, marquantes, impactantes pour frapper les esprits et qu'elles demeurent ancrées dans les mémoires.
• **Puis laissez reposer ce que vous avez écrit…**

L'instant déprime

• Quelques heures après, **relisez l'ensemble**. Immédiatement, les redites et les longueurs que vous n'aviez pas vues précédemment vont vous sauter aux yeux. Vous aurez l'impression de relire dix fois de suite la même chose sous des formes différentes. C'est « l'instant déprime ». Mais c'est aussi « l'instant épure » !
• **Coupez, coupez, coupez**. Relisez votre texte à voix haute, en variant les intonations pour les passages clés et en réfléchissant aux silences que vous installerez. L'oral ne se travaillant qu'à l'oral, ne parlez pas mentalement ! Argumentez à voix haute, puis écrivez telles quelles les phrases que vous venez de prononcer. À la manière de Flaubert.

Le gueuloir de Flaubert

Si l'auteur de *Madame Bovary* s'époumonait jusqu'à 4 heures du matin, ce n'est pas parce qu'il poussait des cris de lamentation, mais parce qu'il soumettait ses phrases laborieusement acquises au test ultime : celui de la lecture à voix haute. Afin de vérifier l'euphonie et la force stylistique de ses écrits, le romancier déclamait ses phrases le plus haut et clair possible. « Il écoutait le rythme de sa prose, s'arrêtait pour saisir une sonorité fuyante, combinait les tons, éloignait les assonances, disposait les virgules avec conscience, comme les haltes d'un long chemin », décrit son ami Guy de Maupassant.

Sans ambitionner de surpasser le style de Flaubert, **soumettre à l'épreuve de l'oral** ce que vous vous apprêtez à communiquer est bien plus riche d'enseignements que ce que vous imaginez. Une tournure trop littéraire, trop chantournée, artificielle sera décapitée dès qu'elle sera énoncée à haute voix, vous évitant ainsi l'inefficacité... ou le ridicule ! Ne conservez que ce qui pourra facilement être dit, sans théâtralité et sans regarder vos notes.

- N'hésitez pas à mettre vos idées clés en lettres capitales, sur **des fiches de couleur différentes.**
- Le jour d'après, reprenez votre texte et taillez-le « jusqu'à l'os » pour qu'il n'en demeure plus que **« la substantifique moelle »**, selon la formule de Rabelais. Quitte à conserver la version initiale sur votre ordinateur pour éventuellement « improviser » des réflexions ou des anecdotes.
- Enfin, **calibrez votre temps de parole :** « Je répète à mort et de façon très *timé*, confie Ludovic Pauchard, directeur industriel de Louis Vuitton. Tandis que Laure Baume, Présidente Directrice Générale de Moët Hennessy Diageo France, confesse : « Sur le fond de ma prise de parole, j'ai appris à être le plus synthétique possible et j'ai réduit d'au moins 50 % la longueur de mes prises de parole. »

Conclure avec panache

Enfin, ne bâclez pas votre sortie en concluant trop vite, comme si vous vous déchargiez d'une corvée, mais démontrez la même maîtrise dont vous avez fait preuve au début de votre prise de parole. Bien sûr, vous aurez préparé depuis plusieurs jours la chute qui clôturera votre discours comme vous l'avez commencé, c'est-à-dire avec des mots forts et une tension qui permettront à la connexion réussie qui aura été établie de persister après la convention, la réunion ou tout simplement l'entretien d'embauche ou autre.

Il s'agit de demeurer vigilant tout au long de votre prise de parole et de ne jamais baisser la garde. Les derniers mots doivent résonner en silence avec une intonation qui remonte, et non une intonation descendante, comme si vous faisiez un point final. Cette envolée finale permettra de laisser « à jamais » ouvertes les portes du dialogue dans l'esprit de votre public.

Quand le trac et les émotions s'en mêlent

Mais parfois, la prise de parole est plus ardue car les difficultés tiennent moins à la maîtrise de la forme, du fond et du format qu'à des mécanismes beaucoup plus profonds.

Comme en témoigne Marie-Blanche Pennington, experte en gestion du trac et des émotions, nombre de dirigeants débutent leur formation en révélant une certaine forme d'ambivalence vis-à-vis de la prise de parole : « Je suis souvent face à deux types de profils : d'un côté, il y a ceux qui me disent : "Je n'ai aucun problème !" ; mais il y a aussi tous ceux qui avouent : "Pour moi, il s'agit d'une véritable corvée : je perds tous mes moyens !" Parfois même, les dirigeants ressentent **des blocages** qui remontent à très loin. » Un patron très charismatique lui a raconté un jour avoir eu un blanc brutal au milieu d'une prise de parole et ne plus jamais vouloir recommencer… Avant d'envisager un examen médical, pour vérifier ses capacités cognitives. « Nous avons pris le temps de décortiquer ce qui avait pu se passer pendant dix séances. Au terme de l'une d'entre elles, il s'est souvenu avoir eu un premier blanc, enfant, alors qu'il récitait une poésie. Il avait été alors ridicule et s'était fait "engueuler". S'en rappeler et en parler lui a permis de surmonter la situation. »

David Dewez, expert en gestion du trac et des émotions lui aussi, témoigne : « L'un de mes clients m'affirmait, sincère : "La scène, pour moi, c'est un terrain de jeu, j'adore !" Sauf qu'il me disait aussi : "En débrief, on me reproche de ne pas être suffisamment technique." Il fallait donc trouver **le juste équilibre** entre le plaisir de jouer et le côté technique de son message qu'il ne devait pas occulter. D'autres avouent que dans leur entreprise, l'enjeu est d'abord dans le savoir-faire et non dans le savoir-être. »

Autre cas de figure : **la faible estime de soi.** « J'ai travaillé avec une dirigeante qui avait énormément peur du regard des autres, se souvient David Dewez. Elle avait une très mauvaise perception de son corps, ne se trouvait ni féminine, ni attirante : nous nous situions clairement dans un problème d'estime de soi. » Après avoir discuté avec elle, le sophro-coach a appris qu'elle avait fait de la natation à haut niveau, ce qui lui avait permis d'acquérir des épaules très carrées et musclées « qu'elle jugeait masculines, alors que, comme je le lui ai dit, ma première impression avait d'abord été celle d'une femme énergique. Entre ces deux visions du monde, elle avait choisi la plus négative. Nous avons donc retravaillé sa gestuelle et notamment le fait qu'elle faisait des gestes tout petits pour que l'on ne voie pas cette musculature. Dénouer cette angoisse a tout changé dans sa manière de bouger et donc dans sa prise de parole, devenue beaucoup plus impactante. »

Plus compliqué encore à gérer, **la pression** que se mettent eux-mêmes les individus. Héritage familial, éducation, système de valeurs, *feed-back* négatifs reçus lors de la carrière professionnelle… Tous ces éléments entrent dans la danse, surtout s'ils sont négatifs. « Ils se placent dans un enjeu énorme où une mauvaise prise de parole risque de faire l'impasse sur toutes les compétences qu'ils ont acquises pendant leur parcours professionnel. Ou alors, très souvent, ils se situent dans l'étape qui va suivre et qui va être celle du débrief, poursuit David Dewez. Ce qui les fait se situer dans trois séquences simultanées – avant/pendant/après –, risquant de créer la confusion : le souvenir du stress avant leur prise de parole ; se regarder faire et parler pendant ; et anticiper ce qui sera perçu après le speech. Ce sont trois niveaux neurocognitifs très distincts, où le cerveau commence à bugger car il n'arrive pas à gérer toutes ces informations… D'où des trous de mémoire, la perte de ses moyens… On cherche à dédramatiser, je leur rappelle qu'ils ne sont pas des chirurgiens en train d'opérer un cancer, mais juste des cadres prenant la parole… »

Et puis il y a enfin **l'anxiété** des dirigeants qui, habitués aux évaluations à 360 degrés comme c'est souvent pratiqué dans de grandes entreprises, ressentent une pression du regard de l'autre et tentent d'être appréciés de tous. « Alors qu'ils ploient sous les injonctions, on cherche à les déstresser en précisant avec eux l'objectif de leur prise de parole : une convention ? Une intervention alors que le dirigeant prend un nouveau poste avec un sentiment d'illégitimité ? Un plan social à annoncer ? précise Marie-Blanche Pennington. Nous faisons du sur-mesure, comme lorsqu'un manager doit préparer un entretien de licenciement. Si la bienveillance figure parmi ses valeurs fortes, c'est tout son système de valeurs qui est challengé. Or il faut qu'il soit en adéquation avec celui de l'entreprise. Nous faisons un travail d'équilibre entre les deux. »

Adilson Borges, ex-directeur Learning et Développement de Carrefour, Doyen et Directeur Général Rennes School of Business, évoque même **le stress** « comme un véritable poison » qui devient très vite un cercle vicieux. On est paralysé par le regard de l'autre. Or il faut se poser la question : quelle est mon audience ? Comment vais-je rentrer en résonance avec elle ? J'ai appris à réconcilier fond et forme et à me poser les bonnes questions. »

La quasi-totalité des mots sont perdus

On sait – et vous aussi désormais — que quelle que soit la multitude d'ouvrages sur l'art de la parole qu'ils auront pu consulter, une infime minorité des mots que les dirigeants emploieront auront un impact auprès de leurs auditeurs. Les trois quarts seront même perdus.

D'où deux pièges auxquels ne pas se heurter :

- **Piège n° 1 : succomber aux sirènes de la grande littérature classique**

Et vous noyer dans un flot d'adverbes impossibles à mémoriser et de phrases ampoulées alors que vous êtes supposé délivrer un message simple. Pour cela, une seule solution : être dense, concis, clair et précis. Ou faire comme l'a écrit François de La Rochefoucauld : « La véritable éloquence consiste à dire tout ce qu'il faut, et à ne dire que ce qu'il faut ».

- **Piège n° 2 : surinvestir dans le décor**

Président de Campari France, Géraud de La Noue se souvient : « On avait tendance à surenchérir sur les codes de forme plutôt que sur le fond. Moralité : les principales remarques que l'on nous faisait, c'était pour nous dire : "Quelle belle salle et quelles jolies fleurs ! Vous aviez vraiment un décor sublime !" Mais aucun commentaire sur le message lui-même. » Frustrant. Même s'il s'agit de faire de votre présentation un véritable show, qui inspirera et motivera vos équipes, concentrez-vous, encore une fois, sur l'essentiel : comment toucher, au sens le plus émotionnel du terme, votre public.

À l'inverse, on recommandera de :

- **Règle n° 1 : s'appuyer sur des fiches**

Prenez des fiches qui tiennent dans la main (format A6 vertical) et écrivez dessus en gros des mots « déclencheurs » qui feront tilt lorsque vous les lirez. Ce travail consistant à résumer votre texte sur fiche sera doublement bénéfique : il vous fera mémoriser votre texte et vous permettra de ne pas lire mot à mot le jour J.

- **Règle n° 2 : arriver en souriant**

Mais sans forcément commencer par un sonore « Bonjour ! » En termes d'impact, c'est équivalent à… zéro. Un franc sourire qui prouve que vous êtes content d'être là vaut mieux que tous les « bonjour » du monde. Votre corps doit parler à la place de vos mots.

- **Règle n° 3 : connaître très bien le texte**

Si bien qu'il « coulera » avec spontanéité, aidé éventuellement par les fiches.

- **Règle n° 4 : ne pas hésiter à sortir du cadre**

Vous pouvez clore votre intervention sur une note émotionnelle. Plus vous maîtrisez votre texte de base, plus vous vous sentirez libre d'improviser, ce qui donnera d'autant plus d'impact – et donc de mémorisation – à votre prise de parole.

Ces règles de base semblent simplissimes, alors qu'elles exigent un travail méticuleux mais toujours payant. Alice Gingembre résume l'ensemble de cette méthode SPORT® en quatre prises de conscience :

1. Quand on démarre, on est d'abord incompétent et inconscient.

2. Puis on est à la fois incompétent… et conscient de nos manques.

3. On devient à la fois compétent et conscient.

4. Enfin, on est compétent et inconscient car on a totalement digéré les différents leviers à activer, au point qu'ils deviennent une part de nous-mêmes.

> *S'entraîner encore et encore*
>
> Le texte, c'est le filet de l'acrobate, il faut le travailler attentivement puis l'apprendre par cœur. Ensuite, seulement, s'autoriser quelques saltos. Jamais un acrobate ne tentera un triple salto sans un filet au-dessous de lui.

CINQUIÈME ÉTAPE : TESTER SES NOUVELLES COMPÉTENCES

Enfin, vous maîtrisez l'ensemble de la boîte à outils et vous vous sentez prêt – et même peut-être impatient – à l'idée de tester vos nouvelles compétences.

Alors foncez, surtout n'attendez pas d'être sur scène à votre convention annuelle ou autre. La méthode SPORT® s'applique à toutes vos prises de parole : du *one-to-one* aux grandes présentations.

Dans tous les cas, accordez la même importance à la forme qu'au fond et au format. Et réfléchissez en permanence à associer les trois, sans que cette préoccupation ne soit une source de stress !

À RETENIR

La star, c'est votre public, et **il doit le voir physiquement** !

POUR PROGRESSER

★ **Appliquez la méthode SPORT® en toute situation** (assis, debout, en visio…).

★ Rappelez-vous, **la méthode SPORT® montre physiquement à votre public que vous parlez pour lui** :

S ➡ Votre Sourire montre au public votre plaisir de partager ce moment avec lui.

P ➡ Vos Pieds ancrés au sol montrent votre confiance en vous et rassurent le public.

O ➡ L'Ouverture de vos mains et vos gestes vers l'avant montrent votre envie d'aller vers le public (et presque de le prendre dans vos bras). N'accrochez plus vos mains et faites des gestes vers le public. Tout ce qui est haut et qui va de l'avant est positif et engageant.

R ➡ Votre Regard montre au public votre envie de dialogue et de partage.

T ➡ Vous Taire permet au public d'exister dans vos silences (ces derniers donnent beaucoup de confort à votre public). Efforcez-vous de remplacer les mots creux de liaison (bonjour, alors, donc, par conséquent...) par des silences. Faites des gestes et arrêtez-les. Si l'image s'arrête, le son s'arrête.

EXERCICES

★ Pour intégrer la méthode SPORT®, **dites à voix haute 4 phrases qui commencent par** : « Je suis quelqu'un qui... », « J'ai envie de... », « Je propose que... » et « Je veux vous faire un cadeau... ».

★ Avant de parler, **efforcez-vous d'appliquer les 5 réglages** de la méthode SPORT®. Ne commencez pas par « bonjour » et ne mettez aucun mot de liaison. Vous verrez que le silence se suffit à lui-même pour mettre du lien entre les phrases et que si vous avez imposé un silence dans les premiers instants, celui-ci reviendra facilement entre les phrases. Rappelez-vous, la façon dont on commence conditionne toute la prise de parole.

CHAPITRE 3

SUSCITEZ L'INTÉRÊT DE TOUS VOS PUBLICS

Vous avez préparé votre intervention et vous savez précisément ce que vous voulez dire… Très bien ! Vous allez pouvoir faire passer votre message à une audience docile et attentive, lui démontrer vos talents d'orateur exceptionnel et lui décrire comment vous voyez l'avenir dans cinq ans. Parfait ! Simplement, sachez que vous vous apprêtez à prendre un mur de résistance de la part du public, dont « la seule inconnue sera la couleur qu'il aura », selon la formule fameuse du journaliste Jean-Pierre Elkabbach.

Il existe un véritable sujet de communication et même de transmission entre orateur et auditeurs. Le plus flagrant est celui opposant le dirigeant et ses salariés, qui se situent visiblement sur des lignes très opposées. Le premier cherche avant tout à faire passer un message (sa stratégie, les derniers chiffres du trimestre, la concurrence chinoise ou indienne sur le secteur d'activité de l'entreprise…). Tandis que les seconds, la plupart du temps sommés de venir l'écouter, se sentent – très souvent ! – peu concernés par ce qu'ils entendent… Lorsqu'ils ne se demandent pas carrément ce qu'ils font là, tant l'exposé leur semble abstrait et éloigné de leurs préoccupations quotidiennes.

INTÉRESSER SON PUBLIC… EN S'INTÉRESSANT À LUI

« Mais j'ai travaillé pour les intéresser ! » allez-vous dire ! Bien sûr, mais avez-vous réfléchi à ce que ce public attend de vous ? C'est lui, la star, lui que vous devez interpeller, séduire, fasciner, émouvoir… Et surtout intéresser ! Vous, orateur, n'êtes que l'émetteur. Même si votre rôle est clé puisque vous devez l'embarquer, le motiver, l'amener à s'impliquer et le sensibiliser à un point tel qu'il pourra faire, par la suite, des suggestions d'innovation sur la mise en valeur du produit et la communication à adopter. Ou suggérer des propositions créatives, qui amèneront votre projet à prendre une longueur d'avance.

Mais si l'orateur n'a fait qu'évoquer les grandes batailles que devra mener l'entreprise ou l'association dans les mois à venir, aura-t-il réussi pour autant son intervention ? Car que retiendront les salariés en définitive de cette prise de parole qui leur prend une heure d'un temps de travail précieux ? En quoi vont-ils se sentir directement et personnellement concernés par ce descriptif, enthousiaste mais sans lien direct avec ce qui les préoccupe dans l'entreprise ? Bref, où se situe le bénéfice direct que devrait apporter cette prise de parole ?

Un win-win

C'est encore plus exact à l'occasion d'une prise de parole dans une convention, où sont rassemblés des salariés issus d'univers professionnels différents. À vous de glaner des informations personnalisées sur « Qui vient d'où ? », « Quels sont les problèmes rencontrés par tel public particulier ? » et même « Comment va la région où se tient la convention ? ». Autant dire que le dirigeant doit effectuer un sérieux travail de recherche en amont plutôt que d'arriver les mains dans les poches, en ayant « simplement » supervisé le boulot du traiteur, l'ordonnancement des bouquets de fleurs et relu une dernière fois ses slides saturés de chiffres et de graphiques. Car contrairement à ce que pouvez imaginer, on n'attend pas d'un dirigeant qu'il vous donne de l'information chiffrée et stratégique. Elle ne se révélera utile que si elle est au service de quelqu'un ou de quelque chose… À l'inverse, on escompte plutôt qu'il suscite de l'envie car il aura su s'adresser à ce qui intéresse vos collaborateurs, ce qui les préoccupe, depuis leur pouvoir d'achat, leurs conditions de travail, la pression qu'ils ont du mal à gérer… jusqu'à des questions plus sociétales comme le plafond de verre persistant dans l'accès des femmes aux postes à responsabilité, la recrudescence de cas de harcèlement moral ou, compte tenu des horaires assez durs, comment réfléchir ensemble à une politique de garde des enfants au sein de l'entreprise.

Immédiatement, les yeux se lèveront vers vous, car en tenant ce type de langage et en informant vos salariés que vous cherchez des solutions avec eux, vous leur apportez un bénéfice direct et immédiat.

Sur une autre échelle, un étudiant à la recherche d'un premier emploi intéressera beaucoup plus son futur employeur en lui détaillant ce qu'il peut apporter concrètement à son entreprise, grâce à l'expérience glanée durant ses stages plutôt qu'en mettant exclusivement en avant ses diplômes prestigieux. De même, parler de vos activités bénévoles ou associatives (aide aux Restos du Cœur, alphabétisation des migrants, défense de l'environnement…) en dit beaucoup plus sur vous que vous ne l'imaginez. Alors n'hésitez pas à vous intéresser à votre interlocuteur, en posant des questions précises sur lui ou sur ses engagements qui démontreront que vous vous impliquez. Plutôt qu'affirmer que depuis l'enfance vous rêvez de vendre des cuisines (ou des appartements, du mobilier de jardin, etc.). (Si, si, ce type de déclaration existe.)

Bref, c'est le fameux « Ne vous demandez pas ce que votre pays peut faire pour vous mais plutôt ce que VOUS pouvez faire pour votre pays » qu'avait martelé John Fitzgerald Kennedy. Cette formule ne doit jamais quitter votre esprit. Elle doit même vous obséder. Votre public, votre futur employeur, vos collaborateurs ne vous écouteront et ne vous suivront que s'ils ont la sensation qu'ils trouveront de l'intérêt à le faire parce que vous-mêmes, vous vous serez intéressé à qui ils sont et à ce dont ils ont besoin. Même s'il y a un lien de subordination, la communication réciproque ne peut fonctionner que s'il existe un *win-win* implicite.

CRÉER UN LIEN PHYSIQUE, CHARNEL AVEC SON PUBLIC

Pour renforcer ce début de connivence, au sens noble du terme, il faut créer un lien physique avec votre audience. Ce qu'a parfaitement compris Mick Jagger. Dans un concert à Bercy, où il venait de reprendre *Sympathy for the Devil* avec l'équipe des Stones, il s'est avancé tout au bord de la scène et a interpellé littéralement le public en lui demandant : « Vous en voulez encore ? » La question était posée de façon charnelle. Une immense clameur de « ouiii ! » lui a répondu. L'espace de deux ou trois minutes, Jagger a littéralement communié avec son public.

Bien sûr, il ne s'agit pas d'endosser un costume de cuir pendant une convention, mais de savoir toucher le public, au sens le plus concret du terme. Le public est biblique, comme l'apôtre Thomas, il croit ce qu'il voit, et non ce qu'il entend. Ce qui n'exclut pas le fond, bien au contraire. « Il faut redonner du sens aux mots pour que les gens soient embarqués », résume d'un trait Aldison Borges, ex-directeur Learning et Développement de Carrefour, Doyen et Directeur Général Rennes School of Business et spécialiste de l'application des sciences comportementales. D'où la grande tendance actuelle, chez les patrons du CAC 40, comme l'a repérée le magazine spécialisé *Stratégies* dans son numéro d'avril 2024, de faire le show, façon Jerry Seinfeld, Larry David, Woody Allen à ses tout débuts ou Paul Mirabel, pour se concilier l'attention et donc l'intérêt de leur public. Tout en offrant une facette inédite d'eux-mêmes et en créant un lien charnel et physique avec un public qui ressemble à s'y méprendre à une salle de spectacle.

Cultiver une touche d'humour

Yannick Bolloré, président du conseil de surveillance de Vivendi et PDG d'Havas, sixième groupe de communication mondial, s'est amusé de l'hystérie autour de l'IA, en juin 2023, aux Cannes Lions, la grande fête de la créativité publicitaire : « Ça fait trois jours que je suis à Cannes et je n'ai pas eu une seule conversation qui ne mentionnait pas l'IA… D'ailleurs, ma présentation est préparée par ChatGPT, les slides par Midjourney et je suis un hologramme ! »

Le 24 janvier 2024, c'était au tour d'Arthur Sadoun, PDG du groupe Publicis, deuxième groupe de communication mondial, de s'essayer à l'exercice délicat de l'humour associé à la rigueur des chiffres tech et business, dans sa vidéo de présentation du grand plan d'intelligence artificielle de Publicis : « À moins de vivre dans une forêt, vous avez forcément entendu parler de l'IA... » Il est sans doute l'un des plus rodés en la matière, les vœux de Publicis constituant chaque année des petits bijoux d'humour décalé. Chaque année, au moment des Fêtes, Maurice Lévy, longtemps PDG avant de devenir président du conseil de surveillance de Publicis Groupe puis président d'honneur, et Arthur Sadoun se livrent ainsi à un numéro de duettistes et une jubilation à peine masquée dans une vidéo postée sur YouTube et réalisée par leur agence Marcel.

Une tendance de fond pour capter le rire et l'attention du public, avec, dans le rôle du modèle ultime, Barack Obama et ses blagues pince-sans-rire devenues légendaires aux dîners des correspondants de Washington. Sauf qu'une *war room* entière travaillait à chaque fois pendant des heures pour les fignoler! Tout comme les dialogues de Maurice Lévy et d'Arthur Sadoun sont écrits sur mesure par les équipes de Marcel.

Du stand-up ? Pourquoi pas ?

De quoi inspirer des vocations : il existe désormais des agences événementielles proposant des formations de prise de parole en public avec les techniques du stand-up. « Le côté standupeur pour un dirigeant, c'est sexy ! », estime Edwina Girard, fondatrice de l'agence Ozécla, spécialisée sur ce créneau, dans *Stratégies*. Mais pour Anne Pedron-Moinard, présidente de la Guilde des Plumes, réseau professionnel qui s'adresse aux chefs d'entreprise, aux élus et aux présidents d'associations, cette tendance est d'abord liée à la nécessité de mobiliser l'attention : « On se trouve aujourd'hui dans une stand-upisation générale qui nous vient du monde anglo-saxon, une forme de nouveau cadrage de la prise de parole. Les dirigeants ont compris que dans l'économie de l'attention du moment, ils ont à peu près 30 secondes avant que leur public ne sorte son smartphone. Autrefois, ils étaient conseillés par d'anciens avocats, des profils versés dans l'art de l'éloquence. Aujourd'hui, ils font plutôt appel à des coachs passés par le modèle TEDx. »

METTRE EN AVANT LE BÉNÉFICE DIRECT DU MESSAGE

Lorsque les gens rient, l'orateur a le sentiment, pas totalement inexact, que 50 % du combat est gagné ! Même s'il va lui falloir mettre en avant le bénéfice direct de son message, soit les autres 50 %.

Là encore, je parle d'expérience. J'ai assisté, dans mes fonctions précédentes, à de nombreuses conventions navrantes, il faut l'avouer. La plupart d'entre elles étaient animées par des dirigeants brillants, mais dont ce n'était pas le métier et qui étaient donc mal à l'aise. Surchargés de travail, stressés, ils se prêtaient à l'exercice contraints et forcés, s'appuyant sur des piles de slides et des textes remarquablement écrits comme autant d'armures censées les protéger. Sans compter que les trois quarts du temps, ils parlaient essentiellement d'eux et de leurs objectifs personnels face à un auditoire passif, n'ayant pas d'autre choix que d'écouter… ou de faire semblant d'écouter.

Il ne faut jamais oublier qu'à la différence d'un film dont vous payez le billet, du journal que vous achetez ou de la télévision connectée à votre box que vous allumez, il n'existe aucun contrat de lecture entre le dirigeant-orateur et son audience. D'où l'absence de connivence et d'interactivité.

Un rendez-vous manqué

Selon l'étude Opinion Way-Whistcom dont on a parlé au tout début de cet ouvrage, « 46 % des salariés estiment que la parole de leur patron ou de leur patronne ne leur apprend rien ». Et le constat final n'est pas moins féroce : « Seuls 50 % trouvent que leur dirigeant est inspirant et moins de la moitié (49 %) que son discours correspond à la réalité du terrain. »

Alors que l'attente est forte de part et d'autre, le rendez-vous est souvent manqué. Plus inquiétant, le décrochage de la communication s'est aggravé : alors qu'ils attendent beaucoup de la parole de leur dirigeant, les salariés se sentent de moins en moins concernés par sa prise de parole. Trop distants (44 % estiment ne pas pouvoir tout leur dire), ne manifestant pas suffisamment d'empathie (seuls 48 % les jugent empathiques), prenant la parole sur des sujets trop éloignés de leur quotidien (53 % jugent que c'est le cas), bon nombre de grands patrons laissent leurs collaborateurs sur leur faim. Alors qu'une bonne communication entre les dirigeants d'une entreprise et leurs salariés est vitale. La fidélité à la société, la motivation, l'engagement et la créativité dans la recherche de solutions sont à ce prix, conditionnant la compétitivité de l'entreprise.

À l'inverse, ayant conscience de ce qui se joue dans ce dialogue muet entre le public et son dirigeant, 52 % des cadres refuseraient un poste à responsabilités qui impliquerait de prendre la parole. Alors que cela peut être si simple... On le sait, 75 % des gens préfèrent un message oral à un message écrit.

« Le public est la star, si je l'avais appris plus tôt, cela aurait changé ma vie de dirigeant ! », témoigne Rami Baitiéh, CEO du groupe de distribution anglais Morrisons et ancien directeur général de Carrefour France.

Vous devez donc vous poser des questions clés, de façon quasi obsessionnelle :

- À qui je m'adresse ?
- Qu'est-ce que mon public rêverait d'entendre ?
- Comment sensibiliser mon public à ce que je vais leur dire ?
- Surtout, comment l'émouvoir et l'embarquer ? – car il faut toucher non seulement le cerveau mais aussi le cœur de votre public.

Un dirigeant exclusivement focalisé sur l'état de son business, la concurrence de ses pairs à l'échelle internationale ou sur la manière dont son directeur général Europe va juger son discours risque de rater magistralement son intervention devant une audience indifférente. Sa prise de parole aura l'effet d'un courant d'air ! Elle ne produira aucun impact ni mémorisation. C'est sur le public qu'il faut braquer le feu des projecteurs. Comme un entraîneur de foot qui monte sur la table pour interpeller son équipe à la mi-temps et lui redonner la niaque et l'envie d'en découdre !

Vous parlez au public de lui ? Son œil luit. Vous lui parlez de vous ? Il s'en moque. Si le dirigeant, qui s'apprête à prendre la parole, ne saisit pas ce point crucial, la méthode SPORT® détaillée dans le chapitre précédent lui sera inutile.

Pour que le public saisisse que vous lui parlez de lui, il importe, encore une fois, qu'il comprenne immédiatement le bénéfice qu'il va retirer de votre prise de parole.

À partir de là, le dirigeant doit la préparer en conservant en permanence trois choses à l'esprit :

1. Connaître parfaitement son public

Le public étant la star, il faut, de façon primordiale et cruciale, s'intéresser à lui et essayer de le comprendre.

• **Posez-vous toutes les questions imaginables** : Qui compose mon audience ? Dans quel état d'esprit se trouve mon public ? Quelles sont ses attentes ? Qu'espère-t-il entendre de ma part ?

L'une des raisons avancées par les politologues pour expliquer le ballottage inattendu du général de Gaulle en 1965 fut qu'« il n'a parlé que de la France et a oublié de parler des Français ». Défiants, les bulletins de vote l'ont mis en ballottage face à François Mitterrand. Une manière pour les Français de stigmatiser publiquement l'indifférence de leur président à l'égard de leurs problèmes quotidiens. Je vois trop de dirigeants adopter le même travers : ils parlent de l'entreprise mais ne parlent pas des salariés.

• **Récupérez un maximum d'informations**, et même les plus anecdotiques, sur les passions de votre public, ses origines, ses loisirs. Vous pourrez plus tard, dans votre prise de parole, évoquer ces informations et créer une proximité, voire une identification et une empathie que la star qu'est votre public appréciera. À condition, toutefois, d'en user avec modération.

Adepte enthousiaste de ce mantra, l'ex-Premier ministre Gabriel Attal s'est fait épingler en mai par l'émission d'infotainment *Quotidien*. À chaque visite d'une localité (en Bretagne, en Auvergne, en Savoie ou dans la Creuse, peu importe), il évoquait devant les caméras une expérience personnelle intense vécue dans cette même localité lorsqu'il avait six, sept ou onze ans… Une manière un peu lourde de vouloir créer de la proximité et de susciter artificiellement de l'identification et de l'empathie. Au bout du énième extrait vidéo diffusé par *Quotidien* – qui avait intitulé de façon perfide la séquence « Gabriel Attal parle-t-il trop de lui ? » –, le téléspectateur avait tout saisi des éléments de langage (EDL). Certes, le public est la star… mais il s'agit d'une star intelligente, on ne se paie pas sa tête impunément. Il n'empêche. Connaître ses différents publics évite de répéter uniformément la même chose à tout le monde : salariés, journalistes, investisseurs potentiels, concurrents, étudiants de grande école désireux de postuler… Et évite des messages formatés, saturés de ces fameux éléments de langage, qui finissent invariablement par créer frustration et désillusion. Il est toujours frappant de voir certains dirigeants d'entreprise raconter les mêmes histoires et les mêmes anecdotes, et ce quel que soit leur public. L'évocation de la petite retraite de la mère de François Bayrou comme celle de la mère femme de ménage de Gérald Darmanin, ex-ministre de l'Intérieur, et d'Éric Dupont-Moretti, ex-ministre de la Justice, finissent par devenir embarrassantes – y compris pour leurs auteurs — à force de répétitions dans les interviews.

• **Respectez votre public !** La star étant à chaque fois différente, vos messages doivent être à chaque fois divers et singuliers. Et ce qui vaut pour un dirigeant vaut également pour un cadre supérieur prenant pour la première fois son déjeuner à la cantine et s'asseyant auprès de ses salariés : il doit se montrer à la fois accessible et respectueux, s'enquérir des problèmes des uns et des autres, en restant souriant et non intrusif.

La situation est plus fréquente qu'on ne le croit. Tout comme les dérapages vers une prise de parole tournée exclusivement sur les objectifs de l'entreprise et les déficiences du contrôle managérial. Rien de tel pour casser l'ambiance ! Or l'exercice de la prise de parole, comme la méthode SPORT® l'enseigne, doit pouvoir être pratiqué dans n'importe quelle situation, de la machine à café à la cantine, en passant par l'ascenseur. Salarié ou dirigeant, l'un comme l'autre peut se « cramer » en l'espace de quelques secondes !

2. Parler au public de lui

La première chose que nous vérifions avec les dirigeants qui viennent travailler leurs discours, c'est le nombre de fois où ils ont écrit le mot « je » dans leur texte. C'est un marqueur de nombrilisme et le signe que le discours est trop autocentré. Moins le « je » existe, plus la star peut prendre sa place !

Éviter aussi de parler, s'il s'agit de vos salariés, en employant le mot « vous », qui crée de la distance avec le public. Dites plutôt « nous » en mettant en place, d'emblée, une relation horizontale, qui correspond au mode de communication du « nouveau monde », et aux réseaux sociaux à travers lesquels les dirigeants, via leurs posts, communiquent de plus en plus souvent. Et ne pas hésiter à répéter certains mots tels que « ici » ou « ensemble » afin d'installer avec légèreté de la proximité et de l'empathie. Tout en conservant à l'esprit l'objectif final : quel bénéfice direct suis-je en train d'offrir à mon interlocuteur ?

Cofondateur de CrossKnowledge, Pascal El Grably en appelle aussi à ses souvenirs : « Dans le cadre de la formation SPORT®, je devais présenter un projet où, en tant que maire de Paris, j'interdirais la voiture. J'étais plutôt content de ce que j'avais écrit en mettant en avant les arguments environnementaux. En réalité, je me suis complètement pris les pieds dans le tapis. Et je me suis fait challenger par l'expert sur la façon dont je présentais ces arguments : je ne m'adressais pas suffisamment à mon auditoire pour lui montrer les bénéfices personnels qu'il retirerait de cette mesure. Ensemble, nous avons réfléchi à la valeur ajoutée que ma prise de parole devait apporter. Nous avons complètement réécrit le script qui, du coup, est devenu un vrai discours embarquant, presque émouvant, où l'argument clé était de laisser une planète propre à nos enfants. »

3. Parler pour donner envie

Contrairement à ce que beaucoup de dirigeants pensent, on ne parle pas pour transmettre des informations. L'oral est d'ailleurs le pire des médias pour transmettre des informations car la capacité d'écoute et de rétention du public est très limitée. Un mail, une plaquette, un site Internet, une vidéo seront bien plus efficaces pour faire passer des messages. L'oral a une grande qualité, c'est un média chaud. Un média qui transmet une émotion. On parle alors pour « donner envie de… ».

PARLER SIMPLE : UNE TÂCHE ARDUE

Mais pour donner envie au public, il faut d'abord lui parler simplement.

Faire simple, c'est ce qu'il y a de plus compliqué. **S'il faut 3 minutes pour écrire un discours de 3 heures, il faut à l'inverse 3 heures pour écrire un discours de 3 minutes. Réfléchir à son public, choisir les mots qui peuvent le toucher, être exigeant avec soi-même pour toujours simplifier**, tout cela prend du temps et demande du travail.

Par faute de temps, et aussi par méconnaissance de l'impact néfaste que cela peut avoir, bon nombre de dirigeants se complaisent dans des prises de parole trop longues et trop compliquées. Ils utilisent des expressions, du jargon et des concepts que tous les salariés sont censés comprendre – mais que personne n'a vraiment intégrés. Ce faisant, ils excluent une partie de leur public, alors que le rôle de toute prise de parole est de rassembler. Quand nos experts leur en font la remarque, ils rétorquent du tac au tac : « en face, ce sont des gens qui percutent vite, ils vont comprendre ce à quoi je fais référence » ou « en même temps, je ne peux pas non plus faire trop simple parce que mon public va croire que je le prends pour un imbécile ». Or c'est précisément l'inverse. Le public étant par nature un peu paresseux, plus vous faites simple, moins il a à réfléchir, et plus il va vous apprécier en tant qu'orateur. C'est vrai même au plus haut niveau. Un dirigeant auquel on parle de façon compliquée toute la journée et qui doit sans arrêt se creuser le cerveau pour comprendre les raisonnements complexes qu'on lui expose adorera vous écouter si vous allez droit au but !

Gardez en tête qu'une prise de parole, c'est comme un bisou, ou un KISS : *Keep It Simple and Short*.

L'incontournable exercice du SMS

Cet exercice simple permet d'élaguer et de simplifier son message. Le concept est le suivant : si vous n'aviez pas 5 minutes, 30 minutes ou une heure pour vous exprimer et que vous deviez simplement envoyer un SMS, qu'écririez-vous ?

Ce SMS est le cœur de votre message. C'est lui qu'il faut développer. Ainsi, à chaque fois, posez-vous la question : « Si je devais **synthétiser ce que j'ai à dire en un SMS**, qui constitue mon fil rouge, comment est-ce que je le formulerais ? » L'interrogation doit devenir un réflexe automatique.

« Cette recherche du fil rouge dans la construction de mon message m'a été très précieuse et très utile pour gérer mon stress et donc rendre mes prises de parole plus impactantes », confirme Flavien d'Audiffret, CEO de THOM. De quoi finir par « passer du stress à une forme de jubilation », comme l'indique Jean-Marc Magnaudet, président Nutrition Spécialisée de Danone, qui avoue « avoir commencé alors, avec la formation, à éprouver un véritable plaisir à parler et à être devant un public ».

L'autre intérêt du SMS, c'est qu'il permet de contrôler l'information. Contrairement à la croyance, le cerveau humain ne peut pas retenir 4 ou 5 messages. Diffuser 4 ou 5 messages, c'est aussi le meilleur moyen pour que chacun, dans le public, retienne le message qui l'arrange le plus. Si vous ne délivrez qu'un seul message, celui du SMS, vous êtes ainsi certain que tout le public retiendra le même. Arnaud Erulin, directeur général de la branche Avantages aux salariés d'Edenred, ne dit pas autre chose quand il s'exclame : « Un SMS vaut mieux qu'un long discours. » Même si Rémy Baume, ex-CEO de Zadig&Voltaire, avoue « avoir encore du mal avec le SMS. J'aime beaucoup travailler, ciseler mon message. Du coup, le SMS me crispe dans le rythme des phrases qu'il impose. »

TOUCHER AU CŒUR

Pour donner envie au public, il faut également aller le chercher dans ce qu'il a de plus profond : ses émotions.

Il est bon d'être factuel et de montrer que votre raisonnement s'appuie sur des faits précis et vérifiés. Mais bon nombre de dirigeants se cachent derrière ce précepte. On assiste alors à ce que nous appelons chez Whistcom le « *fact dropping* ». Une série de chiffres, d'études et d'enquêtes qui, s'ils rassurent dans un premier temps, ennuient le public au plus haut point.

L'intérêt de l'oral, c'est qu'il permet d'exprimer son sentiment et de toucher à l'affect. Alors ne vous en privez pas. Dans notre culture française, où chacun a appris à cacher ses émotions, vous ferez la différence et marquerez des points.

Encore une fois, il faut **créer un maximum d'éléments d'identification entre l'orateur et les auditeurs**, sans que cela apparaisse factice. Gardez à l'esprit que les gens ont besoin de s'identifier à celui qui prend la parole et qu'ils le feront d'autant plus si l'orateur révèle son humanité, ses failles, ses fragilités… Bien sûr, tout est affaire de mesure. Mais parvenir à parler de soi, alors que précisément, tout, dans notre éducation, dans l'art de la conversation à la française, nous dissuade de le faire sous peine d'être accusé d'impolitesse, d'absence de tact, voire de narcissisme déplacé, est sans doute l'une des choses les plus difficiles à faire.

« Révéler qui vous êtes »

Dans leur livre *Les Gourous de la com' dérapent*, consacré aux grandes batailles de communication politique et économique, les journalistes Aurore Gorius et Michael Moreau racontent leur entretien avec Bruno Le Maire, au moment des primaires de 2016. Le futur candidat se prépare alors avec l'aide d'un metteur en scène qu'il a rencontré de façon fortuite, lors d'un déjeuner au Festival d'Avignon en juillet 2015. À la fin du repas, ce metteur en scène lui dit : « C'est sidérant, vous n'êtes pas du tout comme on pensait que vous étiez. Il faut absolument

> que vous arriviez à révéler qui vous êtes. » Ce qui amène Bruno Le Maire à travailler sur lui-même pour exprimer son véritable « moi », non sans difficulté comme il le confesse dans le livre : « Le travail, c'est d'essayer de dire librement des choses qu'on a parfois un peu de mal à formuler. C'est arrêter de se barricader, alors que toute mon éducation a consisté à ne jamais parler des choses qui vous touchent. C'est autrement plus difficile qu'un travail de simple communication. Apprendre à exprimer ses émotions, et non pas les reporter très loin de soi, ça prend du temps... [...] La communication au sens propre, c'est faire partager ce qu'on est, et là, la communication devient utile... »

SUSCITER LA FIERTÉ DES SALARIÉS DE TRAVAILLER DANS L'ENTREPRISE

De manière plus générale, il est essentiel qu'en quittant la salle ou la convention le dirigeant soit parvenu à susciter un sentiment de fierté parmi ses salariés à l'idée de travailler dans cette entreprise, en particulier en raison de son engagement social et sociétal. La formule peut sembler paternaliste. Mais il faut bien prendre conscience que « les entreprises du CAC 40 sont devenues un objet politique soumis à la critique du public pour nombre d'entre elles : le pétrole pour TotalEnergies, les autoroutes pour Vinci, l'avion pour Airbus, le luxe pour LVMH… », comme le souligne Vincent de la Vaissière, président du cabinet VcomV, qui a scruté, en 2023, la perception des entreprises du CAC 40 par les médias.

Mieux vaut alors crever l'abcès en évoquant, dès le début de la prise de parole, la polémique pouvant exister autour de l'activité de l'entreprise créant débat. Et, dans la foulée, détailler les mesures qui vont être prises pour la résoudre. Ce type de démarche va créer un sentiment de solidarité chez les salariés, qui auront le sentiment qu'on leur parle en tant que parties prenantes adultes et non comme à un auditoire passif, infantilisé et convoqué à venir écouter la parole managériale. Encore une fois, c'est lui, la star, le public auquel on s'intéresse sincèrement. Lui auquel on s'adresse et que l'on doit convaincre avec des éléments concrets, et non pas seulement séduire.

Là-dessus, il est clair que les dirigeants américains ont une longueur d'avance. Qu'il s'agisse d'Unilever, qui a décidé, au pic de la pandémie de Covid, de donner aux plus démunis tous ses produits fabriqués en une seule journée aux États-Unis. Ou de Bill Gates, cofondateur de Microsoft, qui a mis en place, en 2007, la Fondation Bill & Melinda Gates. Laquelle a pour mission d'améliorer la santé à l'échelle mondiale, la planification familiale, le développement de l'agriculture et la vaccination.

TRAVAILLER SA MARQUE EMPLOYEUR

En outre, lorsque le dirigeant prend la parole sur d'autres territoires d'expression que l'interne (chaînes d'info en continu, presse, réseaux sociaux…), c'est aussi une manière de redorer l'image de l'entreprise auprès d'une jeunesse très engagée et très remontée, une jeunesse qui s'éloigne de l'entreprise. Des gestes forts s'imposent pour contribuer à embarquer son public.

Évoquer les réalisations de l'entreprise, lorsqu'elle remplit une quasi-mission de service public, qui impactent le public auquel le dirigeant s'adresse, constitue une manière intelligente et sensible de se placer dans le même camp que son public, sans faux-semblant ni empathie de façade. C'est une manière de rappeler, de façon plus élégante, que « **nous sommes tous dans le même bateau ».** C'est Carrefour et son « panier anti-inflation », Engie et l'approvisionnement en gaz suite à la guerre en Ukraine, Renault et le *made in France* afin de sauver Douai et Maubeuge du déclin, TotalEnergies et les *discounts* à la pompe ou Vinci et sa promesse d'aménagement des aires d'autoroute en bornes électriques et panneaux solaires… Autant de missions de service public correspondant à une actualité immédiate et qui donnent lieu à des gestes forts.

I have a dream…

L'empathie, l'émotion sont des éléments essentiels pour entrer en contact avec votre audience, même s'il ne s'agit pas de salariés ! Rappelez-vous ce grand orateur qu'était Martin Luther King. Lorsqu'il s'adresse à la foule, dans son discours du 28 août 1963, devant le Memorial du Lincoln Center à Washington à l'occasion de la marche pour l'emploi et la liberté, il ne dit pas : « J'ai un projet » – qui résonnerait comme une affirmation sèche, technique – mais « J'ai un rêve ». Une phrase qui offre une tout autre dimension émotionnelle à sa prise de parole. Car qui n'a pas envie d'adhérer à un rêve ? Qui n'a pas envie de suivre un homme qui parle d'espoir et de bonheur possible ? En prononçant ces mots, cet aveu de « rêve », Martin Luther King ouvre une fenêtre sur un avenir où le racisme et la ségrégation auraient disparu.

Ainsi, faire du public la star de votre prise de parole est un préalable impérieux. Mais il n'est pas suffisant pour convaincre si, encore une fois, l'orateur n'y introduit pas un intérêt authentique, une empathie pour les femmes et les hommes qui lui font face, et qui jette comme un pont entre le public et lui.

Pour autant, soyons clairs. Il est acrobatique d'apprendre, en particulier aux dirigeants, à devenir empathiques. Ça ne s'enseigne pas. À l'inverse, je suis convaincu que ceux qui viennent nous voir ont déjà en eux des qualités d'empathie, qui expliquent une grande partie de leur succès professionnel. Instinctivement, ils vont vers les autres. À partir de là, il s'agit de les aider à **trouver les gestes et les mots pour révéler leur part d'humanité et de générosité lorsqu'ils prennent la parole**. Ce que Rémy Baume, ex-CEO de Zadig&Voltaire, traduit par : « Lorsqu'on prend la parole, il faut embarquer son public, donner aux salariés l'envie de faire le kilomètre de plus… ». Même si la réussite de l'exercice dépend largement des thèmes abordés. « Les sujets d'organisation sont souvent les plus délicats. On chemine sur une ligne de crête », reprend-il.

De nombreux managers en ont eu déjà conscience, de manière intuitive ou cérébrale. Président de Campari France, Géraud de la Noue a eu un déclic en assistant, lors d'une convention d'entreprise, à une énième prise de parole : « J'ai ressenti l'envie de faire évoluer le modèle classique des conventions, où on aligne les slides les uns derrière les autres. Ce qui m'a interpellé, c'est le nombre de dirigeants qui me disaient : "voilà ce que j'ai envie de dire à mes équipes". »

Géraud de la Noue a senti, instinctivement, qu'il fallait faire évoluer les choses vers plus d'interactivité entre l'orateur et son public. « Lorsque je suis venu en formation pour retravailler le format et le fond de nos conventions, la première chose qu'on m'a dite, c'est : "Au lieu de penser au message que tu veux faire passer, pense plutôt à ce que ton audience va en retirer." Au début, je me suis dit qu'on voulait que je change mon message. Alors qu'en fait, il ne s'agissait pas de ça mais plutôt de la façon dont j'allais mettre en avant le bénéfice de ce message face à des collaborateurs qui me demandaient implicitement : "Parlez-moi de la manière dont votre projet, vos paroles vont avoir un impact direct sur moi". »

C'est le message à retenir de ce chapitre.

À RETENIR

La star, c'est votre public, et **il aime qu'on s'intéresse à lui !**

POUR PROGRESSER

★ **Attachez-vous à ne raconter qu'une seule histoire en faisant l'exercice du SMS** : si vous n'aviez pas 5 minutes, 30 minutes ou une heure pour vous exprimer et que vous deviez simplement envoyer un SMS, qu'écririez-vous dessus ?

★ Ne cherchez pas à tout dire, **cherchez à toucher le cœur du public**. En amont de toute prise de parole, renseignez-vous sur votre public et ayez une connaissance parfaite de votre audience. Vous pourrez ainsi moduler un message qui correspondra à ses attentes et prendre en compte ses problèmes.

★ En toute occasion, posez-vous les questions suivantes : **quels sont les bénéfices pour mon public dans ce que j'annonce ? Et à l'inverse, quels sont les freins pour mon public ?** Qu'est-ce qui peut l'empêcher de me suivre dans mon histoire ?

★ Lorsque vous écrivez vos interventions, **rayez toutes les fois où vous avez employé le mot « je » et remplacez-le par « vous » ou « nous »**. « Je », c'est du monologue. « Nous » ou « vous », c'est du dialogue.

★ **Créez des éléments d'identification** pour faire entendre à votre public que « nous sommes tous dans le même bateau ».

EXERCICE

À la fin de chacune de vos interventions, **demandez à vos proches s'ils ont identifié le message (le SMS)** de votre prise de parole. Vous constaterez qu'il y a souvent un décalage entre ce que l'on croit avoir dit et ce que le public retient.

CHAPITRE 4

INTÉGREZ LES CODES DES RÉSEAUX SOCIAUX

« Ça ne durera pas ! » Comme Internet quelques années plus tôt, le lancement de Facebook (Meta), en février 2004, se fait dans une atmosphère sceptique. À l'image de tous les autres réseaux qui le suivront, il est d'abord jugé comme un simple gadget, un forum pour étudiants, qui ne tardera pas à s'évaporer aussi vite qu'il a surgi. Pour la majorité des observateurs, comme l'écrit le publicitaire Michael Illouz dans *Revolution Story*, qui détaille la manière d'utiliser au mieux les réseaux sociaux, ces derniers ne sont qu'« un truc de geeks et de nerds incapables de fendre le socle sur lesquels les grands supports traditionnels sont assis. » Sauf que ce « truc » a pris une ampleur telle que les entreprises et leurs dirigeants ont dû se familiariser avec ce qu'il est convenu d'appeler dans la novlangue marketing le « *social media* ».

Les dirigeants d'entreprise ne sont pas en reste. Épaulés pour certains par des agences de conseil stratégique et d'influence, ils maîtrisent de mieux en mieux les complexités de ces réseaux sociaux, comme en témoigne Vincent de la Vaissière, patron du cabinet VcomV et auteur, chaque année, d'une étude fouillée sur la communication des entreprises du CAC 40 et des entreprises publiques : « Thomas Buberl, PDG d'Axa, Alexandre Bompard, le patron de Carrefour, tout comme Antoine Arnault, directeur général de Dior (LVMH) et par ailleurs président de Berluti et de Loro Piana, et Nicolas Hieronimus, directeur général de L'Oréal, se montrent très actifs sur les réseaux sociaux. PDG du Crédit Agricole, Philippe Brassac est en particulier très présent sur LinkedIn… », liste-t-il. Vidéos, posts, reels… oral et écrit se croisent alors, se superposent et se complètent dans un ballet inédit.

Mais les dirigeants ont-ils d'autres choix ? L'âge moyen du spectateur des six chaînes de télévision historiques est aujourd'hui… de 57 ans. Sans oublier bon nombre de chaînes de la TNT qui vivent de rediffusions d'anciens feuilletons à succès (Hercule Poirot, Colombo, Dr House…) et dont l'audience est encore plus âgée. Publicitaires et grandes marques observent chaque soir, impuissants, les jeunes et moins jeunes spectateurs de TF1, France 2 ou encore M6 s'envoler comme une nuée d'oiseaux pour rejoindre les plateformes de streaming Netflix, Prime Vidéo, Disney+, Apple+ ou Paramount+ à l'heure du *prime time*. Non seulement il faut retrouver ces spectateurs/consommateurs/salariés, mais leur parler autrement de leur marque et de leur entreprise. Et donc d'eux.

RETROUVER LE PUBLIC… LÀ OÙ IL POSTE ET COMMENTE

Le lent délitement des chiffres d'audience des 17/34 ans enregistré par les chaînes historiques a parachevé le phénomène, en amenant les marques à chercher où et comment toucher cette cible volatile qui dédaigne leurs programmes. Et, par ricochet, leurs spots publicitaires. À ce titre, les chiffres d'audience publiés par Médiamétrie sont sans appel, en particulier pour les plus jeunes : entre 2013 et 2023, la durée d'audience des 15/24 ans a chuté de 1 h 49 à 47 minutes et celle des 25/34 ans de 3 h 13 à 1 h 38.

Il faut donc retrouver ce public volatil – qui est aussi celui de la GenZ et des jeunes cadres à haut potentiel – là où il poste et commente. En l'occurrence, sur les réseaux sociaux. Ou comment, sous l'impulsion de leurs dirigeants, de grandes marques (L'Oréal, LVMH, Guerlain, Lancôme, Dior, McDonald's, Yves Rocher, CIC, Club Med, Accor, La Poste…) ont commencé à nouer des partenariats avec des influenceurs, seuls en mesure de leur permettre d'exister sur les réseaux.

Que l'on se rassure, l'influenceur n'est pas forcément tout droit sorti d'une émission de téléréalité. Aujourd'hui, un influenceur est tout simplement une personne qui, par sa notoriété ou par son exposition médiatique, a un grand pouvoir d'influence sur l'opinion publique et sur les stars que nous cherchons à toucher.

Ce qu'Anne-Sophie Cruque, partenaire de gestion de Biggie, groupe de solutions omnicanales fédérant des experts médias, marketing, influence, analyse : « Assez peu de marques ont des échanges avec leurs consommateurs finaux. Si elles veulent les atteindre, elles doivent passer par les réseaux sociaux, c'est-à-dire par l'intermédiaire d'un influenceur à la tête d'une communauté d'abonnés engagés, revendiquant des valeurs cohérentes à celles de sa marque, voire identiques. Sinon, leur démarche risque d'être perçue comme un pur message publicitaire et commercial. »

En parallèle, Bernard Gassiat, directeur de la communication du CIC, témoignait dans le journal *Le Monde* du 12 mai 2024 de l'efficacité du dispositif : « Ces influenceurs m'apportent une empathie que je ne trouverai pas forcément en télévision. Collaborer avec eux représente en outre une logique d'infiltration auprès de jeunes difficiles à atteindre. »

Ainsi, c'est une partie croissante de leur communication marketing que les entreprises ont commencé à consacrer aux réseaux sociaux, conscients de la valeur d'un média, qui, **gratuitement,** orchestre une **conversation permanente et directe entre les marques et leurs consommateurs**.

RÉCUPÉRER LA PAROLE PUBLIQUE ET TRAVAILLER SON PERSONAL BRANDING

À compter de mars 2020, lorsque éclate la crise sanitaire, passage à la vitesse supérieure. Alors que les partenariats avec les influenceurs connaissent une croissance explosive, nous voyons en parallèle, chez Whistcom, un certain nombre de patrons – dont nombre de dirigeants de start-up – commencer à investir, eux aussi, à titre personnel, les réseaux sociaux, LinkedIn en tête. Ils le font « via des posts mais aussi des vidéos très *home made*, où ils se filmaient eux-mêmes. Sur ce point, Emmanuel Macron s'est révélé une véritable source d'inspiration en investissant des formats très divers comme *Les Rencontres du Papotin*, *Konbini*, YouTube avec les influenceurs McFly et Carlito, et même les podcasts avec la génération *Do It Yourself* de Mathieu Stefani, estime Julien Féré, *partner* du cabinet de conseil One Point et professeur associé au Celsa. Cette démarche d'images faites à la maison figurait comme un gage d'authenticité. » Ce que l'on pourrait appeler la séquence 2 de l'âge d'or des réseaux sociaux.

Même s'il s'agit, au cœur de la crise sanitaire, **moins de narcissisme que de nécessité**. Les dirigeants des grandes entreprises cherchent à récupérer une parole publique confisquée par les confinements successifs et parer à l'impossibilité d'organiser des événements physiques comme les classiques séminaires et conventions d'entreprise. « Directeur général du Crédit Agricole, Philippe Brassac était alors l'un des dirigeants les plus actifs pendant cette séquence », pointe Vincent de la Vayssière, président du cabinet VcomV. Cette prise de parole aurait pu s'arrêter net, une fois la crise sanitaire endiguée. Mais durant cette période, les managers, majoritairement sur LinkedIn, ont eu l'opportunité de mesurer combien leurs messages avaient favorisé l'incarnation de l'entreprise, voire leur *personal branding* (technique marketing qui consiste, pour un individu, à valoriser son profil). Quitte, pour certains, à utiliser le paravent de la marque employeur pour mieux travailler cette image.

L'importance cruciale d'une communication incarnée

Sans surprise, alors que nous évoluons dans un contexte économique et social particulièrement instable et face à des perspectives d'avenir pour le moins non prévisibles, la communication incarnée est désormais au cœur de la stratégie d'une majorité d'entreprises. Un signe ne trompe pas : le nombre de *followers* des dirigeants n'a cessé de grossir.

Selon l'étude 2023 d'AmazingContent – la plateforme par laquelle les équipes de communication permettent aux dirigeants de s'exprimer sur les réseaux sociaux –, le nombre de patrons du SBF 120 actifs (indice construit par le NYS Euronext, dont les composants regroupent le CAC 40, le CAC

Next 20 et le CAC Mid 60) sur ces réseaux a enregistré une hausse en piqué de 15 % en 2022 *versus* 2021. Par ailleurs, leur nombre d'abonnés a augmenté de 27 %. De leur côté, « les CEO du CAC 40 ont vu le nombre de leurs *followers* s'accroître de 56 % en moyenne et leurs publications "engagent" aujourd'hui 29 % plus qu'il y a un an », ajoute l'étude.

Complémentaires des prises de parole classiques délivrées lors des séminaires et des conventions, à la fois sur le fond du message et dans la tonalité plus proche et plus humaine qu'ils lui apportent, les réseaux sociaux font désormais partie du paysage médiatique et culturel. Mieux et plus, ils sont devenus une **compétence à maîtriser impérativement** pour les entreprises et les dirigeants, grâce à un certain nombre d'atouts. De façon plus large, un nombre croissant d'entretiens d'embauche se déroule par le truchement des visioconférences (que nous aborderons dans le chapitre suivant). L'exercice est d'autant plus acrobatique qu'à la différence du présentiel, l'écran ne pardonne rien. La moindre hésitation, un langage corporel non maîtrisé, une mauvaise lumière donnant au candidat l'air plus fatigué ou plus âgé qu'il n'est réellement, constituent autant de pénalités que l'on peut éviter grâce à l'exercice de la méthode SPORT®…

DES ATOUTS À CERNER, ET À UTILISER À BON ESCIENT

Pour les dirigeants, soyons clairs, les atouts sont multiples dans l'usage du *social media*. Au point d'amener Julien Féré (Onepoint) à trancher : « C'est un véritable handicap, pour un dirigeant, d'être absent des réseaux sociaux. » Mais quoi d'étonnant ? « Le défi de la cohérence entre la vision partagée et les actions mises en place n'a jamais été aussi important dans le rôle des dirigeants », ajoute l'étude d'AmazingContent. Dans une société de plus en plus horizontalisée mais aussi de plus en plus fragmentée, « archipélisée », la prise de parole sur les réseaux permet d'apporter :

- **De l'authenticité.** Même lorsqu'il ne s'agit que d'un message posté, le ton est souvent plus personnel que sur la scène d'une grande convention, où il s'agit davantage d'embarquer une audience que de créer un lien affectif sur le long terme. Or les deux sont impératifs.
- **De la reconnaissance.** « Dans ce nouveau monde, la communauté est la star. Si on le compare aux autres grands médias, le *social media* donne le pouvoir aux individus mis aux avant-postes. [...] En likant, repostant, commentant... les internautes deviennent un média eux-mêmes », reprend Michael Illouz.
- **Une non-intrusion.** Le message vous ennuie ? Il suffit, pour ne plus l'entendre ou le voir, de « scroller » (faire défiler le contenu sur votre écran) ou de cesser de se mettre en mode caméra. Plus facile à faire que de se lever et de partir au beau milieu d'un meeting ou d'une convention devant sa hiérarchie ! Il faut donc travailler son contenu avec d'autant plus d'exigence pour que la star ait envie de vous suivre.
- **La transparence.** Même si c'est très tentant, sur les réseaux, la règle est de ne jamais supprimer les commentaires négatifs rédigés par les internautes. Du coup, les commentaires positifs n'en prennent que plus de valeur.
- **L'immédiateté de l'échange, qui gagne en horizontalité.** Un clic de quelques secondes suffit pour assister à la prise de parole d'un grand patron, filmé chez lui, habillé de façon décontractée, dans son intimité, sans le filtre d'un journaliste

ou la barrière physique de la scène dans un meeting ou une convention. Si un chien ou des enfants passent très rapidement en arrière-fond, l'impression en est renforcée… Mais pas question d'être *too much* et d'offrir une mise en scène de moments d'intimité artificiels et embarrassants. Comme celle, beaucoup reprochée à Anne Sinclair et à son époux d'alors, Dominique Strauss-Kahn, que l'on voyait dans *Paris Match* s'activer derrière leurs casseroles pour concocter un hypothétique dîner, dont les éléments restaient assez indiscernables… Il s'est très vite su que, sitôt la dernière photo achevée, le couple avait filé au restaurant. Bref, on ne triche pas sur les réseaux !

- **L'absence de coût.** À la différence des écrans publicitaires, le média réseau social est gratuit, tout comme la réalisation de la vidéo *home made*. Même s'il faut nuancer le propos, car le dirigeant a souvent recours à une structure de communication l'aidant à réaliser sa vidéo ou à rédiger du contenu.
- **Le *personal branding* du dirigeant.** Même si, officiellement, le dirigeant prend la parole exclusivement au nom de la marque employeur, la manière dont il va s'exprimer, les mots qu'il choisira, l'authenticité et la spontanéité de son message vont militer pour lui sculpter une image plus humaine, plus accessible. Les experts estiment que 50 % du message vont profiter à l'entreprise, les 50 % autres servent le *personal branding*.
- **Le zapping des filtres – que constitue la presse audiovisuelle et écrite – en s'adressant sans intermédiaire à son public.** Confronté à la grève des raffineries qui a mis le groupe au cœur de l'actualité à l'automne 2022, c'est sur X (ex-Twitter) que Patrick Pouyanné, PDG de TotalEnergies, choisit de répondre en détaillant sa rémunération. Un tweet audacieux et viral (deuxième tweet le plus engageant du SBF 120 en 2022), qui rapportera au dirigeant plus de 10 000 nouveaux abonnés sur ses deux comptes sociaux, X et LinkedIn. Avec, au passage,

la confirmation que la communication de crise des grands dirigeants du CAC 40 évolue autant dans sa forme, son format que dans son contenu, de plus en plus bref et impactant. Hier, Patrick Pouyanné se serait contenté d'une grande interview dans *Le Figaro* ou *Les Échos*. Aujourd'hui, il s'adresse directement à son public, faisant de lui la star évidente et incontestée.

- **Une proximité et l'accès direct au dirigeant.** Alors que nous ne cessons de répéter que la véritable star, c'est votre public, le face-à-face, d'un écran à l'autre, via une vidéo, offre le sentiment à l'internaute qu'il est sur un pied d'égalité avec le dirigeant. Cette impression gagne en puissance lorsque celui-ci évoque des sujets qui lui tiennent à cœur, qu'il s'agisse d'un podcast ou d'un livre qu'il a aimé, de son combat pour maîtriser les prix ou la qualité des produits qu'il commercialise, voire de sa volonté de redonner du pouvoir d'achat aux Français. Une cliente qui a vu le prix du pot de Nutella ou du paquet de lessive Ariel bondir brutalement de 1,60 euro peut interpeller ainsi directement le patron de Ferrero, de Procter & Gamble ou de Leclerc sur leur compte LinkedIn et obtenir une explication. Même si celle-ci est rédigée par le *community manager*, on lui répond, et c'est énorme pour elle. Subitement, la distance verticale qui la séparait de ce dirigeant et qui est tant reprochée par les salariés se réduit de façon vertigineuse. Et avec elle, le sentiment d'impuissance et d'injustice qui vont souvent de pair avec l'augmentation inattendue du prix d'un produit de base ou la fermeture d'une grande surface proche de son domicile.

LA MONTÉE EN FLÈCHE DES VIDÉOS

« Il est important de comprendre que les réseaux sociaux constituent un format en eux-mêmes, tout comme le fait que, pour une veille efficace, il est important de connaître LinkedIn et X (ex-Twitter) », explique Nathalie Renaudin, directrice des Affaires Publiques d'Edenred.

Image et vidéo, les nouveaux codes

Cette veille des réseaux sociaux – et en particulier de LinkedIn qui totalise 24 millions d'engagements, et de Twitter X (200 000 à 400 000 engagements) – a amené les premiers managers qui ont commencé à utiliser l'image et la vidéo à faire l'apprentissage des codes visuels et éditoriaux d'univers définis et dominés jusqu'ici par les influenceurs. « D'abord sur YouTube puis sur Instagram et TikTok, ce sont les influenceurs qui en ont fixé les règles et les codes », rappelle Michael Illouz. Concrètement, l'utilisation de l'image et de la vidéo ne cesse d'augmenter sur X et LinkedIn. L'étude d'Amazing-Content relève que 28,5 % des tweets des dirigeants du SBF 120 intègrent une image ou une vidéo, contre 21 % en 2021; et que 41 % des posts LinkedIn des dirigeants du SBF 120 en 2022 contiennent une image ou une vidéo, contre 25 % en 2021.

Pas étonnant, car quoi de plus efficace et impactant qu'une vidéo pour diffuser des témoignages, présenter un nouveau collaborateur, promouvoir un nouveau projet, faire une levée de fonds, effectuer un retour sur les résultats et mettre en avant les réussites des collaborateurs ? Les dirigeants l'ont bien compris, ils multiplient leurs messages de façon de plus en plus sophistiquée et personnalisée : prise de parole à la première personne, mise en parallèle des engagements de l'entreprise avec leur parcours personnel, publications plus émotionnelles… Les managers sortent des sentiers battus qu'ont arpentés pendant des décennies leurs prédécesseurs. Le tout en observant avec attention les prises de parole des influenceurs qui, les premiers, ont défini les grandes lignes des codes sur les réseaux sociaux.

S'inspirer des codes efficaces des influenceurs

Squeezie, Norman, Cyprien, Natoo, Monsieur Poulpe, Hugo Tout Seul… ce sont ces post-ados aux noms improbables qui, depuis leur chambre d'étudiant ou une vague cuisine, ont fait décoller les réseaux sociaux. Imposant, sans même en avoir conscience, une autre manière de filmer (cadrage), de s'exprimer, avec d'autres vêtements – pas de cravate, mais un sweat noir, des sneakers… D'où l'intérêt, pour ne pas sembler émerger d'un univers décalé, voire franchement hors-sol, d'adopter la même grammaire visuelle et éditoriale, à l'image des hommes et femmes politiques (Gabriel Attal, Jordan Bardella, Lucie Castets…) qui arpentent déjà le terrain en collant aux codes des influenceurs, installant au passage une horizontalité des échanges entre des personnes issues de sphères très différentes. Ce mouvement de fond dans notre société actuelle, postmoderniste, implique de :

1. **Créer une connivence avec sa communauté,** devenue – aussi – le public du dirigeant ou du politique, en utilisant des mots simples, directs, sincères, empathiques. C'est l'occasion ou jamais, pour un patron, de fendre l'armure, en révélant qui il est vraiment. Ce qui est plus facile, avouons-le, à faire seul, devant un smartphone, que devant une assemblée de 300 personnes.
2. **Adopter les codes ultracourts des posts,** à la façon du SMS, ce message synthétique que recommande la méthode SPORT®. Notez comme les vidéos commencent souvent par « Aujourd'hui, j'ai juste une chose à vous dire… » ou « Il y a un

sujet que je voudrais partager avec vous… ». Dans un post, on a *une* chose à dire !

3. Utiliser des *punchlines* bien senties. Quitte à reprendre des extraits de prises de parole que vous avez faites et dont vous êtes satisfait.

4. Adapter son look au format et jouer la carte de la décontraction. Ce qui signifie abandonner costume et cravate/tailleur au profit d'une chemise en lin blanc et d'un jean ou d'un bermuda bleu marine l'été (pratique car c'est unisexe et inratable), ou encore d'une chemise blanche et d'un pantalon noir, voire d'un chino ou d'un jean.

5. Travailler légèrement le montage de la vidéo pour y ajouter des extraits sonores, des extraits d'autres vidéos, ou même incruster des mots à l'écran qui, de façon vive et colorée, vont venir souligner vos propos !

Step by step, la communication des dirigeants s'émancipe ainsi de plus en plus souvent du ton impersonnel des comptes institutionnels. Au point que les visuels des dirigeants dans la presse écrite – et notamment dans le mensuel économique *Capital* – reprennent, à leur tour, les codes des réseaux sociaux, en particulier dans l'aspect vestimentaire des dirigeants (absence de cravate, jean, pose dans la maison de campagne…).

Carrefour, grand gagnant

AmazingContent a établi un Top 10 pour l'année 2023 des « COMEX les plus engageants du SBF 120 2022 », prenant en compte 120 organisations, 1 490 membres de comités exécutifs, 1 385 comptes LinkedIn et 19 322 posts. Il en ressort le classement suivant :

1. Carrefour arrive en tête avec un score d'influence de 23799.
2. Capgemini (21115)
3. Orange (21019)
4. TotalEnergies (17228)
5. Schneider Electric (16732)
6. L'Oréal (15807)
7. Accor (13244)
8. Solvay (13007)
9. BNP Paribas (12800)
10. Renault (12666).

Grand gagnant de ce classement, Carrefour a intégré la demande d'empathie des salariés qui jugent cette qualité comme étant la plus importante pour un manager. Menés par un directeur général parmi les plus influents, Alexandre Bompard, 62 % des dirigeants du groupe se montrent régulièrement actifs sur Twitter et/ou LinkedIn, détaille l'étude d'AmazingContent. À travers leurs publications, ils incarnent collectivement le projet de transformation de l'entreprise : devenir « plus digitale, plus sobre et plus inclusive ». Ainsi les innovations technologiques (et plus particulièrement l'utilisation du monde virtuel appelé aussi « métavers ») et les sujets de RSE (sociaux et environnementaux) prennent une place majeure dans la communication de ces leaders. Dans leurs publications, toujours très authentiques, voire parfois intimistes, les dirigeants de Carrefour n'oublient jamais de valoriser et de remercier le travail de leurs équipes.

Virage identique pour Capgemini, qui accède à la deuxième marche du podium grâce au taux d'engagement croissant de ses dirigeants, impulsé par son directeur général, Aiman Ezzat. Si la communication sociale de ces leaders reste résolument *corporate*, avec une utilisation toujours importante des contenus institutionnels et le partage régulier des résultats financiers du groupe, les dirigeants expriment plus d'émotion et publient plus souvent sur la vision et la culture de l'entreprise.

S'adresser à la GenZ

Cette démarche de présence et de prise de parole de plus en plus systématique sur les réseaux sociaux en a entraîné une seconde : inciter ces dirigeants à réfléchir sur la nature du tissu de relations interpersonnelles, horizontal, qui relient les internautes les uns aux autres et leur permet de développer des liens personnels et directs avec leurs abonnés. Ce n'est pas tout à fait un hasard si la génération Z, née entre 1995 et 2010, rebaptisée *digital native* et biberonnée aux réseaux sociaux, est aussi celle qui, dans les entreprises, rejette les relations verticales et très hiérarchiques *top-down* pour réclamer haut et fort sa participation aux décisions de l'entreprise. L'horizontalité des échanges, banalisée par les réseaux sociaux, « infuse » l'ensemble des prises de parole au sein de la société. Une personne en recherche d'emploi va pouvoir ainsi s'adresser au compte TikTok de Gabriel Attal, ex-Premier ministre, lequel n'est pas économe de posts ou de vidéos. Le 5 septembre 2024, il a diffusé sur le réseau social chinois de manière quasi simultanée son passage de témoin au nouveau Premier ministre Michel Barnier.

Aux managers, mais aussi aux cadres supérieurs, aux chefs de service d'apprendre à s'adresser à la GenZ, par le biais des posts mais aussi de vidéos, où leur prise de parole doit être différente, sans contredire le discours et le narratif que leurs dirigeants peuvent tenir sur les médias traditionnels. À ce jeu, l'ancien président américain Barack Obama était passé maître.

De façon plus globale, la morale de ces chiffres et de ces noms est limpide : aucun homme politique, aucun patron, aucun cadre et même aucun chercheur d'emploi ne peut plus faire l'économie de sa présence sur les réseaux sociaux. Il en est de même pour les politiques, les cadres supérieurs, et, à ce titre, la campagne des élections européennes puis celle des législatives qui a suivi la dissolution du 9 juin 2024, ont donné un ton plus spontané, plus authentique. « Même si on peut refaire une vidéo dix fois ou réécrire un post une quinzaine de fois avant de les envoyer », sourit Nicolas Boudot, président de TBWA Corporate.

L'irruption massive des politiques dans le social media

Qui aurait pu se douter que Jordan Bardella, président du Rassemblement national, ouvrirait son compte LinkedIn le 27 juin 2024, en pleines élections législatives, « pour professionnaliser son image », après avoir conquis le cœur des 18-24 ans grâce à ses posts sur TikTok où il totalise 1,16 million d'abonnés ? Sans nul doute, bon nombre de sociologues et de sondeurs, tels que Jérôme Fourquet.

Sur le réseau social créé par la société d'origine chinoise Bydance, on a pu ainsi « surprendre » le président du Rassemblement national, façon images volées, en chemise blanche sans cravate, déguster un « hot-dog, nourriture à la fois américanisée et populaire par excellence », selon le décryptage de Michael Illouz. Le tout sans évoquer le moindre détail du programme du RN, du moins au tout début. Proximité, intimité, identification, tous les codes des influenceurs, qui, peu à peu, se sont diffusés dans l'espace public, sont respectés à la lettre. Au point que la chaîne britannique ITV a surnommé Jordan Bardella « TikTok King ». Comme on l'a déjà vu, le Premier ministre d'alors, Gabriel Attal, n'est pas en reste. S'il a posté ses interventions, et en particulier ses *punchlines* qui ont fait mouche dans les débats – comme « un ouvrier de 31 ans paiera ses impôts et non un trader de 29 ans » –, on l'y voit aussi un bouquet de fleurs à la main à l'occasion de la fête des Mères ou postant le même jour une photo de sa sœur et de son neveu.

Ils ne sont pas seuls en piste. Chef des Insoumis (LFI), Jean-Luc Mélenchon prend soin de poster sur TikTok les meilleurs extraits de ses discours, ses *punchlines* – « Bardella, c'est du Macron, enrobé de racisme » – mais à l'ancienne, sans rien de personnel. La seule vidéo un peu intime le montre assis, seul à une terrasse de café, devant un verre rempli d'une substance rose de nature indéfinissable, qu'il déguste avec une paille : « C'est le troisième ! Pour me préparer à mon débat avec Zemmour ! » annonce-t-il, avec ironie, au journaliste qui le filme. Avant de lui dire « pschitt ! » pour qu'il dégage. Du Mélenchon pur jus !

LES RÉSEAUX SOCIAUX SONT AUSSI UNE MATIÈRE EXPLOSIVE

Mais les réseaux sociaux – comme en témoignent les dérapages de la messagerie Telegram et la mise en examen de son patron Pavel Durov – ont également leur part d'ombre, ce que le grand public ne commence que tout doucement à intégrer. Selon Michael Illouz, les dirigeants deviendraient même de plus en plus exigeants, voire en demande perpétuelle : « Les entreprises ont compris qu'il fallait y aller. Mais souvent, c'est le top-management qui est le moins prêt. Il n'y a pas si longtemps, il ne voulait absolument pas se mettre en scène, de crainte du *bad buzz*. À présent, nous devons faire face à des pressions, du type « Vous m'avez préparé mes posts ? » Bref, on est passé du tout au rien.

Pourtant, les patrons et leurs cadres doivent aussi être conscients des limites et des dangers des réseaux sociaux. L'exercice, en particulier des vidéos, peut se révéler « casse-gueule », selon l'expression de Julien Zeller, directeur général du cabinet Whistcom. « Le sujet de la mise en scène de soi-même est toujours acrobatique : il ne faut ni verser dans un ton trop institutionnel, ni chercher à récupérer les codes jeunes à tout prix », ajoute Michael Illouz.

Du tweet impactant ou de la vidéo empathique au *bad buzz*, il n'y a qu'un pas, facile à franchir, en particulier lorsqu'il s'agit de sujets personnels. Il faut donc placer le curseur de manière extrêmement précise et délicate entre le trop peu… et le *too much*.

Réussir sur les réseaux sociaux

Il existe un certain nombre d'éléments à prendre en compte.

1. D'abord, captiver son public. « Sur le *social media*, les concurrents de la prise de parole des dirigeants, ce sont les autres contenus », analyse Julien Zeller, directeur général de Whistcom.

2. La jouer collectif. Même si le dirigeant incarne son entreprise, l'engagement global sera plus fort s'il invite l'ensemble de ses équipes à s'exprimer sur les réseaux sociaux.

3. Éviter le ridicule en faisant appel à des professionnels tels que des ***content creators*** dans les cas les plus sensibles, notamment dans le cadre d'une communication de crise. Les détournements comiques sont en effet légion. Depuis sa déclaration prononcée d'une voix énergique – « Il faut un cap clair, on ne va pas refaire la Nupes, là. Il y a eu une inversion des rapports de force. Je suis en tête à gauche, donc voilà les conditions » –, Raphaël Glucksmann, président du parti Place Publique, est régulièrement caricaturé avec un mème (contenu humoristique modifié). Il se trouve ainsi des centaines de vidéos de lui en chapeau de cow-boy façon shérif, assorti d'une musique country, répétant inlassablement la fameuse petite phrase dans des vidéos sur TikTok.

4. Donner des rendez-vous hebdomadaires. Citons pour exemple Rami Baitiéh, directeur général de la chaîne de distribution britannique Morrisons. Il est parvenu à créer un rendez-vous sur LinkedIn, chaque dimanche, à 19 heures. Le *timing* choisi pour la diffusion de sa vidéo n'a rien d'anodin. L'ex-président de Carrefour France a soigneusement écarté le lundi, vampirisé par les réunions où se décident les priorités de la semaine, tout comme le vendredi, où les dirigeants et leurs collaborateurs directs se projettent déjà dans leur week-end. Astucieusement, il a retenu le dimanche soir, soit précisément le moment où mentalement, on se prépare à attaquer une nouvelle semaine, agenda à la main. Et son rendez-vous est un véritable succès !

5. Y passer beaucoup de temps car il faut répondre à tout le monde, de façon personnalisée. Les premières approches balbutiantes de la crise sanitaire sont derrière nous et le niveau de qualité et d'exigence s'est élevé en matière de production de contenus. Les posts rédigés par les dirigeants sont très soigneusement écrits et de plus en plus souvent assortis de photos.

6. Privilégier les vidéos *home made*, plus humaines et personnalisées, à celles produites par les agences spécialisées. Même si, paradoxalement, il est encore plus complexe de réaliser une bonne vidéo qu'un bon post. Il s'agit d'une façon différente de s'exprimer, avec d'autres mots, un autre look, dans un espace-temps plus bref, et l'ensemble nécessite un réel apprentissage. D'autant que la concurrence se durcit : les dirigeants quadra n'ont pas les mêmes timidités que leurs aînés et y recourent de plus en plus fréquemment. Or les exigences techniques se sont multipliées, depuis le format vertical de la vidéo au montage de plusieurs séquences, qui figurent comme autant de rebonds scénaristiques, filmés dans des pièces différentes. Tout cela ne s'improvise pas : il faut souvent un script de départ.

7. Contourner la difficulté en postant des extraits d'interviews réussies au JT ou sur les chaînes d'info en continu. Ceux que nous pourrions appeler « les Premier-ministrables » – comme Michel-Édouard Leclerc, patron des centres E.Leclerc, Xavier Niel, président d'Iliad, Thierry Cotillard, patron d'Intermarché, Dominique Schelcher, président de Coopérative U – qui ont en commun d'être très à l'aise face à la caméra, utilisent volontiers le procédé. Mais les dirigeants n'ont pas le privilège de l'exercice. De jeunes dirigeants mais aussi de jeunes experts peuvent également poster leur passage TV réussi sur BFM, CNews, *C à vous* ou *Quotidien*.

8. Privilégier LinkedIn, plus sûr et efficace. Président de TBWA Corporate, Nicolas Boudot met en effet en garde : « L'algorithme de TikTok ne donne de visibilité aux vidéos que si vous y êtes tout le temps. » Ce n'est donc pas un hasard si, globalement, LinkedIn affiche 24 millions d'engagements… contre 200 000 à 400 000 pour TikTok. Bon également à savoir : l'algorithme de LinkedIn privilégie le contenu produit par la communauté LinkedIn, alors que Facebook donne plus de visibilité au seul dirigeant. Enfin, les vidéos du réseau social professionnel sont nettement plus mises en avant lorsqu'elles sont diffusées dans des régions anglophones.

9. Mettre en scène sa vie privée ou ses épreuves personnelles avec intelligence et distance. Il faut procéder avec une certaine subtilité. Ainsi, lorsqu'Arthur Sadoun, PDG de Publicis Groupe, évoque son cancer dans la vidéo diffusée sur YouTube à l'occasion des vœux 2023 du deuxième groupe mondial de communication, il a l'intelligence de ne pas prendre seul la parole sur le sujet. Maurice Lévy, président du conseil de surveillance, est à ses côtés, comme tous les ans. Après avoir évoqué dans un mélange d'humour et de sérieux son cancer contracté via un papillomavirus et avoir appelé les internautes à la prévention, Arthur Sadoun crée la surprise. De façon inattendue, il fait venir dans la pièce l'acteur Michael Douglas, qui a traversé la même épreuve et est également en rémission. Le dirigeant fait ainsi d'une pierre deux coups : il évite le piège du procès en victimisation qui aurait pu lui être intenté, tout en créant de l'espoir et un effet d'identification spontané auprès de ceux qui sont confrontés à l'annonce de la maladie ou à son combat. La démarche est maîtrisée de A à Z par le deuxième groupe de communication mondial, qui a confié à sa filiale Marcel la responsabilité de l'écriture de l'intégralité du script.

10. Gérer avec prudence ses informations privées comme les données délivrées sur l'entreprise. Les investigations récentes, telles que l'enquête « Secondary Infektion » de Graphika, révélant l'usage, via les réseaux sociaux, de manipulation de l'information sophistiquée par des puissances comme la Russie, appellent à une vigilance renforcée. Notamment des trolls (messages postés sur Internet, souvent par provocation, afin de susciter une polémique ou simplement de perturber une discussion), très mobilisés sur le terrain politique.

Les trois cercles magiques

Coach de dirigeants avec sa société Oksa Conseil et intervenante chez Whistcom, Stéphanie Haas a élaboré ce qu'elle désigne comme les « trois cercles magiques » :

- « Le premier cercle intègre les posts LinkedIn concernant l'actualité immédiate de l'entreprise, que l'interne va regarder avec attention pour connaître la position de son dirigeant, et donc ce qu'il pense et va probablement faire... À ce titre, il est intéressant de voir à quel point les réseaux sociaux sont devenus un instrument de communication interne. »
- « Le second cercle magique va plutôt être celui traitant des objectifs à atteindre, de l'environnement économique de l'entreprise et de son engagement personnel sur lesquels le dirigeant va s'exprimer, quitte à prendre parfois des positions très engagées sur son secteur, comme peut le faire par exemple un spécialiste de la boulangerie non industrielle sur l'achat de céréales. » La présidente d'Oksa Conseil estime que cela peut être intéressant pour lui mais qu'il doit se sentir prêt à assumer des commentaires négatifs, voire à la limite de l'insulte, car les réseaux sociaux peuvent être violents.
- « Enfin, reprend-elle, le troisième cercle magique est celui de la vie privée, la vie intime. Un territoire très sensible, qu'il faut aborder avec précaution car on peut

> vite déraper. Selon moi, ce troisième cercle ne doit pas représenter plus de 10 % du contenu que l'on poste sur LinkedIn. D'abord, car c'est très chronophage et que cela peut vampiriser l'entreprise au profit du dirigeant. Mais aussi parce que je crois beaucoup à la raréfaction des posts. Lorsqu'on poste trop de contenus pas forcément tous intéressants et qu'ils ne sont pas suivis de likes, LinkedIn peut cesser de mettre en avant les posts du dirigeant. Il faut donc éviter l'effet boomerang. »

LA CLÉ À RETENIR

La star, c'est votre public, et **il règne en maître sur les réseaux sociaux**. À vous d'aller à sa rencontre !

POUR PROGRESSER

★ **Observez et apprenez des influenceurs,** ils ont une longueur d'avance sur vous.

★ **Apprenez aussi à connaître** le média principal du public que vous cherchez à convaincre.

★ **Incarnez votre discours.** Qui mieux que vous le fera?

★ **Consacrez du temps** à la construction et à l'architecture de votre message sur les réseaux sociaux. Différenciez-les bien : on ne s'exprime pas sur LinkedIn comme sur TikTok, Instagram et/ou Facebook. Qu'il l'assume ou non, chaque réseau possède sa propre ligne éditoriale.

★ **Un tweet comme une vidéo ne s'improvise pas,** ni dans le fond ni dans la forme : il faut une méthode avec laquelle avancer, dégager un fil rouge et réfléchir à la scénarisation, voire au script lorsqu'il s'agit d'un petit film. Quitte à refaire 8 fois la vidéo.

★ **Trouvez le bon équilibre.** Votre objectif est de vous adresser directement à votre public, de façon à la fois plus directe et plus humaine. Mais il faut trouver la juste balance entre une communication trop pensée, mise en scène… et l'amateurisme, dont la maladresse pouvait amuser ou toucher pendant la crise sanitaire mais qui est aujourd'hui un handicap.

CHAPITRE 5

DONNEZ ENVIE EN CONVENTION OU EN RÉUNION PLÉNIÈRE

Il n'y a pas plus fédérateur qu'une convention d'entreprise interne. D'ailleurs, dans les différentes études de satisfaction des collaborateurs, ce sont toujours ces moments festifs qui ressortent comme les meilleurs vecteurs d'engagement et de motivation. La convention, c'est le moment de l'année ou toutes les équipes se retrouvent, et il s'agit d'un shoot d'adrénaline pour l'entreprise qui l'organise comme pour les collaborateurs qui y assistent. C'est souvent pour eux une incroyable source de fierté. Fierté d'appartenir à une entreprise capable d'organiser un tel événement, surtout lorsque la convention a lieu dans des endroits aussi bluffants que le Stade de France ou aussi incongrus que la patinoire de Chamonix – comme nous avons déjà eu la chance d'en organiser chez Whistcom.

Ex-CEO de Zadig&Voltaire, Rémy Baume, qui a organisé une convention avec nous, l'explique avec ses mots : « Quand je suis arrivé à la tête de l'entreprise, un an auparavant, j'ai constaté qu'aucune convention n'avait été organisée sur les vingt-cinq dernières années. On s'est tourné vers Whistcom et on a rassemblé les trois sièges et tous les responsables de boutique. Car souvent, dans le *retail*, on se sent un peu seul face à la clientèle… Là, c'était l'occasion de rassembler tout le monde, du lundi au jeudi, dans un grand show à l'américaine, où l'indicateur de réussite du dernier soir, c'est la décharge émotionnelle. Pendant cette semaine, j'ai eu l'impression, chaque jour, de voir naître mon équipe de direction, comme on vit un accouchement en direct, ce collectif montrant qui il était… Et au final, c'est la charge émotionnelle qui est restée, avec la sensation d'avoir vécu une semaine ensemble qui restera dans l'histoire de la marque Zadig&Voltaire. »

D'autres dirigeants ont montré la voie. Avec, à leur actif, des bénéfices enviables, dont ils retiraient les fruits plus tard. L'ancien PDG de TF1 (filiale du groupe Bouygues) de 2007 à 2012 Nonce Paolini, décédé le 17 juillet 2024, avait acquis une grande part de sa popularité grâce à des apparitions en séminaire ou en convention qui avaient intelligemment cassé son image – qu'il s'agisse d'une apparition inattendue en nonce apostolique dans un séminaire d'entreprise ou en chanteur à paillettes sur la scène de l'Olympia devant le comité de direction de l'opérateur Bouygues, dont il était alors DRH. Lorsqu'il a pris les rênes de TF1, ses nouveaux collaborateurs avaient déjà eu vent de son goût de l'autodérision, comme de son amour du jazz et des albums de Tintin. Rien de mieux qu'une convention pour dévoiler la facette inattendue et jubilatoire d'un dirigeant trop discret.

LA RENCONTRE IMPROBABLE ENTRE UN SHOW ET DES INFORMATIONS MANAGÉRIALES

Concrètement, l'organisation d'une convention, ou plutôt pour être précis de la réunion plénière de la convention (c'est-à-dire la réunion avec tous les participants), relève du défi acrobatique.

Hélas, aujourd'hui, elle sert trop souvent à satisfaire l'ego des uns et des autres. Ça commence par la fameuse question

« qui parle ? » et finit par un défilé sur scène de hauts dirigeants qu'on ne veut pas vexer. Une convention n'est pas faite pour cela ! Elle doit être en effet la rencontre réussie – et a priori improbable – entre un show aux rebondissements inattendus et la célébration de l'entreprise, avec la délivrance d'informations sur le groupe et le souci de renforcer la cohésion des équipes. C'est une manifestation majeure dans l'année, car il s'agit de l'occasion rêvée de montrer la force du collectif et de souder des équipes qui ont rarement l'occasion de se croiser et encore moins dans des conditions ayant peu de choses à voir avec leur travail quotidien. Tout cela exige plusieurs semaines de préparation en amont, avec la rédaction d'un script et d'une scénographie détaillés.

Il y a quelques années encore, assister à la plénière annuelle de son entreprise était une fête et chacun s'installait heureux dans le public pour écouter gentiment les messages de ses dirigeants. On vivait l'événement comme une chance, ou en tout cas comme un cadeau.

L'avènement des réseaux sociaux a sévèrement bousculé cette réalité. Désormais, tout le monde a accès en tout lieu et à tout moment à des milliers de contenus vidéo. C'est le fameux *Anywhere, anytime* conceptualisé par les Anglo-Saxons. Et même si ces contenus sont souvent consommés de façon passive, ils forgent inconsciemment notre opinion et notre goût pour ce qui est intéressant… ou ce qui ne l'est pas. Vous avez donc devant vous des spectateurs de plus en plus avertis, qui vous comparent avec ce qu'ils ont déjà vu. Et qui, en quelques secondes, déterminent s'ils ont envie ou non de vous écouter.

Le public étant par nature la star, l'idée n'est pas ici de critiquer ni de porter un jugement sur cet état de fait, mais bien de s'adapter encore une fois à une audience et des salariés de plus en plus exigeants. Pour qu'une réunion plénière soir réussie, nous n'avons donc pas le choix : nous devons coller à l'air du temps et nous inspirer, là encore – sans forcément les respecter à la lettre – des codes des réseaux sociaux.

Un cocktail réussi, au goût du jour

Le cocktail gagnant est à composer avec doigté :

1. La nécessité de faire court. Sur les réseaux sociaux, une bonne vidéo dure moins d'une minute. Sans aller jusqu'à cet extrême, une réunion captivante ne peut excéder 1 heure ou 1 h 15. Pour passer la plupart de mon temps installé dans la régie au fond de la salle, j'observe même que, après 45 minutes, l'attention du public se dégrade considérablement et que les smartphones resurgissent des poches… Et ce, quel que soit le soin porté à la mise en scène. Impossible donc, contrairement à ce que je vois souvent, d'envisager des réunions qui durent plus de 2 heures sans une pause et sans accomplir beaucoup d'efforts pour maintenir un rythme soutenu.

2. Le SMS à la rescousse. La meilleure façon de faire court, c'est de ne pas en dire trop, voire de ne porter qu'un seul message. Si vous analysez les vidéos des influenceurs sur les réseaux sociaux, elles commencent toujours par « aujourd'hui, je vais vous parler d'un sujet qui me tient à cœur… » ou « aujourd'hui, focus sur… ». Ce n'est jamais « aujourd'hui, je vais présenter une stratégie qui tient en trois parties et qui s'appuie sur 10 chantiers de transformation ». Ça ne peut pas fonctionner ! Je vois encore trop de dirigeants chercher la rentabilité entre le coût de la convention et le nombre de messages passés – « Au prix que nous payons, il faut absolument que tout le monde reparte avec un plan d'action clair ! ». Sauf que ce n'est pas le sujet. La plénière de

début doit donner une énergie, la plénière de fin doit laisser une émotion. Il est parfois dur de l'entendre mais la priorité, c'est que chacun reparte en étant fier de son entreprise et en ayant envie d'y travailler avec passion, en y apportant toute sa créativité et son enthousiasme.
Identifiez donc en amont un SMS et utilisez-le comme le fil rouge de votre réunion. « On a réfléchi ensemble à un thème fédérateur, puis à comment l'incarner physiquement pour qu'il puisse exister pour l'auditoire. Whistcom a mené la réflexion sur l'articulation des interventions, la diversité de celles-ci et l'animation de la réunion plénière. Et le cabinet a créé un module de prise de parole en public pour chacun des intervenants, de telle sorte qu'ils soient tous à l'aise sur scène », se souvient Géraud de la Noue, président de Campari France.
3. Du rythme. Il ne vous a pas échappé que les vidéos que vous dévorez sur les réseaux sont incroyablement cadencées et addictives. À la moindre longueur, la sanction est impitoyable : votre pouce balaie l'écran et vous passez au prochain contenu. Même si, hélas pour lui, et heureusement pour vous, le public ne peut pas arrêter net une présentation monotone, il faut tout mettre en œuvre pour qu'il ne baye pas aux corneilles et que sa concentration ne faiblisse pas. Pour garder le public avec vous, vous devez effectuer des changements perceptibles… au minimum toutes les 8 à 10 minutes : soit vous changez de sujet, soit vous changez d'intervenant, soit vous diffusez une vidéo, soit vous interpellez le public… Bref, à vous d'être créatif pour créer la rupture.
4. Un effort de production. Faire des efforts de production, c'est se soucier de la forme. Votre réunion doit sortir de l'ordinaire. Ce qui ne veut pas dire tomber dans le grand show. Il n'est pas nécessaire d'envoyer dans l'espace des gerbes de

feu ou de faire surgir le comité de direction d'un hélicoptère pour donner un aspect « produit » à votre réunion. Un jingle musical pour accueillir un invité sur scène ou un effort de mise en scène pour lancer une séquence suffit à offrir la touche de divertissement nécessaire. Ainsi, de façon assez simple, créez différents espaces sur scène : d'un côté l'espace cosy avec les fauteuils pour la partie « interview confidence en one-to-one » ; de l'autre la table haute entourée de tabourets hauts pour la partie « table ronde à plusieurs ». Et au centre de la scène, un espace vide, pour les interventions seules, style Keynote ou TEDx. Chaque lieu est utilisé pour une séquence et l'on passe de l'une à l'autre en musique.
La dernière convention orchestrée avec Campari a été, du propre aveu de Géraud de la Noue, « non pas un descriptif de notre plan d'action mais quasiment un *talk-show*, où les gens se sont exprimés. C'était totalement nouveau. » Il faut cependant veiller à garder le lien avec le public. Évitez les slides, qui ne servent à rien (si, si, promis, et je pèse mes mots !). Zappez les pupitres qui, visuellement, érigent une barrière entre le speaker et l'audience. Oubliez aussi les prompteurs moyennement compatibles avec la méthode SPORT®. Comment montrer à vos collaborateurs qu'ils sont la star si vous passez votre temps à lire un écran ? Enfin, faites une croix définitive sur les positions qui ne vous permettent pas de mobiliser votre corps et de le mettre au service de votre message : on est toujours plus ancré au sol lorsqu'on est debout plutôt qu'avachi dans un canapé.
5. Un public starifié. Le public doit sentir qu'il est partie prenante dans votre réunion et non un simple spectateur passif, contraint d'être là. Pour le faire intervenir, vous disposez de 4 options :

- La première, la plus évidente, consiste à s'équiper d'une application pour sonder votre public en direct et lui demander son avis. Cette même application peut aussi permettre au public de poser ses questions par écrit directement à ceux qui sont sur scène et interpeller ainsi les participants de façon transparente.
- La deuxième façon de faire intervenir votre public, c'est de l'intégrer réellement dans des séquences sur scène. Rien ne vous empêche d'avoir le témoignage de tel ou tel collaborateur dans une table ronde, ou même de faire venir sur scène un panel de salariés représentatifs de l'entreprise, susceptibles d'intervenir sur certains sujets.
- La troisième façon (et sans doute la plus simple) de donner la parole à vos collaborateurs lors de la réunion, c'est d'avoir enregistré au préalable de courtes vidéos où ils posent des questions aux intervenants sur scène ou s'expriment sur telle ou telle fierté d'appartenir à l'entreprise. Ces vidéos, bien que simples à produire (elles peuvent être filmées au smartphone pour donner encore plus d'authenticité) sont toujours des moments très appréciés.
- La quatrième façon, c'est la séance de questions-réponses à la fin de la plénière. Une manière puissante et participative de l'orchestrer est de donner à chaque collaborateur un carton vert et un carton rouge : carton vert veut dire que le dirigeant a répondu à la question et carton rouge que sa réponse n'est pas suffisamment claire et donc qu'il doit préciser les choses. « Le public est la star » ne veut pas dire que 100 % des collaborateurs vont adhérer à 100 % de ce qui est exprimé. En revanche, un dirigeant qui a le courage d'écouter et d'assurer que sa réponse est comprise gagne l'adhésion du public.

Des émotions simples

On peut déployer tous les efforts du monde et même faire témoigner une vedette internationale, mais ce que préférera au-dessus de tout votre public, ce sont précisément ces moments simples, où certains se reconnaîtront sur scène ou en vidéo. En outre, il s'agit d'une opportunité précieuse pour renforcer le lien affectif entre le collaborateur et son entreprise. Elle cessera de lui apparaître comme une entité neutre, impersonnelle, pour incarner une figure beaucoup plus émotionnelle. Et donc beaucoup plus engageante.

6. Soigner l'entrée et la sortie. « Môme, soigne tes entrées, soigne tes sorties ; au milieu, eh bien, tu te démerdes et tu fais ton métier ». Voilà le meilleur conseil que donna Maurice Chevalier à Johnny Hallyday pour ses concerts. C'est vrai aussi pour orchestrer une bonne réunion.

- À l'oral, on ne parle pas d'introduction mais d'accroche. J'aime ce terme car il est très explicite. Le début, c'est le moment où l'on doit « accrocher » son public. S'il n'est pas embarqué dans les premiers instants, il existe assez peu de chances pour qu'il vous suive jusqu'au bout. L'accroche est donc un élément à soigner tout particulièrement. Une bonne « attaque » doit sortir de l'ordinaire et surprendre votre public. Des exemples ? C'est le Codir qui surgit en tenue de *Casa de papel* comme nous l'avons fait il y a quelques années avec le comité de direction d'une entreprise de distribution. Ou encore le faux problème technique avec une vidéo qui laisse finalement apparaître le directeur général. Voire l'entrée rock star, guitare à la main, du président… Tout est possible, pourvu que ce soit inattendu… et percutant !

Un kiff absolu

Présidente Directrice Générale de Moët Hennessy Diageo France, Laure Baume a appliqué la recette à l'occasion de la convention orchestrée avec Whistcom, à Chamonix, et 300 de ses collaborateurs : « La plénière avait lieu sur une patinoire, si bien que les collaborateurs ne savaient pas trop s'ils assistaient à un match de hockey ou si on allait leur parler boulot. Nous avions pris de vrais joueurs de hockey, qui sont arrivés sur la patinoire en tenue, avec crosses de hockey et patins à glace, et auxquels se sont mêlés les membres du Codir. L'entrée était fracassante. Par la suite, des grands cubes de glace correspondant aux axes de développement visés par MHD ont été installés. Les membres du Codir se sont aussi pliés à une séquence ou ils devaient tirer des palets dans un but, chaque palet représentant un objectif pour l'année. Ça a été un kiff exceptionnel et un succès absolu... », se souvient-elle.

• La sortie, également appelée « chute » à l'oral, doit, elle aussi, surprendre, mais plus par le message de fond qui est porté que par la mise en scène. À la fin d'une réunion, il n'est plus question de paillettes et de fumée… Nous sommes dans le vrai, dans le dur et ce que l'on recherche alors, c'est l'émotion. Partager une émotion commune va achever de souder ce lien collectif. J'ai souvent l'habitude de dire à nos clients que l'indicateur de succès d'une réunion bien menée, ce sont les larmes du public à la fin. Il faut faire simple, rester dans l'humain, et en revenir nécessairement au public, la seule star de votre réunion. Cela peut être le départ à la retraite de la gardienne qui était là depuis près de 40 ans. Mais ça peut être aussi la plus vieille employée de l'entreprise que l'on fait venir sur scène et qui raconte ses premiers jours épiques dans une boîte où l'on travaillait encore avec des sténos et le Minitel ! Sur scène, elle raconte, à la fois très émue et souriante, les débuts de l'actuel président, qu'elle a connu stagiaire infoutu d'envoyer un fax… Gérez avec pudeur et trouvez une occasion de recentrer l'émotion vers les valeurs de l'entreprise ou sa raison d'être.

- **Communiquer.** N'oubliez pas qu'une convention représente un formidable moment de communication et constitue le meilleur reflet de votre entreprise. Quand on a le nez sur le volant (en l'occurrence, sur l'organisation), on oublie parfois de penser à « l'avant » ou à « l'après » convention. Faites donc des teasings intrigants en amont et embarquez petit à petit les collaborateurs dans l'aventure. Pensez aussi aux images pour « l'après », via la réalisation puis la mise en ligne des vidéos et notamment de la séquence émotion ou le recueil des « retours participants ».

Pour finir, éclatez-vous ! Une convention, c'est beaucoup de travail et ça passe très vite. Alors profitez-en au maximum sur le moment.

À RETENIR

La star, c'est votre public. Une réunion ou une convention, c'est un moment pour **le faire exister et lui parler de lui !**

POUR PROGRESSER

★ Avant de définir les contours de votre réunion, **posez-vous la question de son objectif** : à court terme, qu'est-ce que je veux que le public se dise ? (objectif de pensée). À moyen terme, qu'est-ce que je veux que le public fasse ? (objectif d'action).

★ Identifiez le message qui découle de vos objectifs et questionnez chaque intervenant, chaque intervention et chaque partie au regard du SMS : **est-ce que cela sert efficacement le message ?** Si oui, vous gardez, sinon vous élaguez.

★ Une bonne réunion, rappelez-vous, ça doit être un bisou, ou un KISS : **Keep It Simple and Short**.

★ **Pensez à donner du rythme aux interventions** en limitant chacune à une dizaine de minutes maximum, au risque de perdre votre public.

★ Soignez la mise en scène (mobilier, jingle...) et fignolez les entrées et les sorties.

★ **Interagissez avec le public**, faites-le participer, monter sur scène, c'est aussi son moment à lui !

CHAPITRE 6

CREVEZ L'ÉCRAN EN VISIO

Sur le moment, nous n'avons pas voulu y croire. Au terme d'un confinement de deux mois et demi (soit dix petites semaines), certains commentateurs ont commencé à nous expliquer doctement que nous allions passer directement du « monde d'avant » à un « nouveau monde », radicalement différent. Certes, ces dix semaines ont accéléré les mutations technologiques via l'essor du e-commerce et du télétravail de façon spectaculaire. Certes, le nombre d'utilisateurs des outils de conférence en ligne (Zoom, Microsoft Teams, Skype Entreprise ou Google…) a explosé durant cette période. Certes encore, alors qu'avant le Covid-19, toutes les sociétés françaises – ou presque – fonctionnaient à 100 % en présentiel, l'extension du télétravail aux entreprises qui pouvaient se le permettre a sauvé des milliers d'emplois. Mais de là à évoquer une révolution sociétale, il y avait un pas à franchir…

Puis l'impossible est devenu réalité. Le fait d'alterner, au gré des deuxième puis troisième confinements (puis déconfinements), 100 % de télétravail avec un modèle mixte présentiel/domotravail a modifié en profondeur notre approche du monde du travail. **Ce que l'on estimait inimaginable** – piloter des réunions stratégiques depuis notre salon via les visioconférences, passer des entretiens d'embauche exclusivement par le truchement des écrans, improviser, dix minutes avant, une réunion avec trois managers en désaccord… – **s'est révélé possible. Avant de tout bonnement s'imposer.** Le télétravail s'est installé dans le quotidien des salariés comme des entreprises. Et tout le monde sait qu'il ne disparaîtra pas. Au point que le nombre de jours de télétravail est au centre des discussions lors des entretiens d'embauche, en particulier chez la génération Z.

Bon nombre d'observateurs ont applaudi des deux mains : exit la fatigue des transports, gain de place dans les bureaux et passage pour certaines entreprises au flex-office… Possibilité de travailler – enfin – chez soi, dans un endroit où le bruit comme les tensions entre collaborateurs seraient bien moindres… Certitude que les collaborateurs seraient – enfin ! – à l'heure à la réunion et que chacun attendrait son tour pour s'exprimer… Mais la nécessité de continuer de mettre de l'humain au cœur des sociétés s'est vite réinvitée.

L'ENTREPRISE N'EST PAS QU'UN LIEU

L'entreprise est un collectif. Il faut un minimum de temps d'échanges en présentiel pour entretenir l'esprit d'équipe, la culture d'entreprise et tout simplement pour véritablement connaître ses collègues. D'où, désormais, la mise en place généralisée d'un modèle hybride, intégrant deux à trois jours de présentiel et deux jours de télétravail (pas forcément accolés au week-end pour éviter toute crainte que le salarié fasse un week-end prolongé de 4 jours)… et l'impératif de maîtriser cet outil délicat et souvent épuisant que sont la conduite et la participation à une visioconférence, où il faut « crever l'écran » ! D'où un certain nombre de règles à suivre… et de désagréments potentiels à déjouer.

TOUT METTRE EN ŒUVRE POUR « CREVER L'ÉCRAN EN VISIO »

- **Veillez à l'emplacement d'où vous vous exprimez comme à la lumière qui vous éclaire.** Se placer devant une bibliothèque ou une belle photo dépouillée renvoie de vous une image beaucoup plus positive… que celle de la poubelle débordant de victuailles juste à côté ou d'un bureau en fouillis d'où émerge à peine votre ordinateur.

Votre environnement est un élément de communication, comme la tonalité de votre voix ou la sobriété de votre tenue. N'hésitez pas, si vous disposez d'un endroit à vous, à habiller votre espace professionnel en gardant à l'esprit que c'est la première image de vous, comme votre look et votre sourire, que recevra votre interlocuteur.

Évitez, même si vous êtes un jeune étudiant en recherche d'emploi, le jogging assorti d'un tee-shirt au logo sportif d'un club de foot ou la robe qui aurait besoin de croiser un fer à repasser… Vous n'êtes ni Mark Zuckerberg de Meta (Facebook), ni Marissa Mayer de Yahoo pour vous offrir le luxe d'être transgressif en visioconférence. Soyez sobre et soigné, sans sombrer pour autant dans l'élégance trop étudiée.

Tenez-vous droit sur votre siège.

Enfin, vérifiez soigneusement la lumière : un éclairage cru peut vous donner un visage fatigué, des traits tirés et dix ans de plus – sans compter qu'il peut attirer l'attention sur un menton mal rasé. C'est aussi parce qu'il avait le teint blafard que Richard Nixon a planté son élection contre John Kennedy en 1960.

- **Donnez l'objectif de la réunion** aux personnes qui vous écoutent pour éviter qu'elles ne décrochent.

- **Souriez.** N'hésitez pas à coller un post-it juste à côté de la caméra de votre ordinateur pour y penser pendant toute la durée de la visio. Derrière un écran, les expressions sont, par définition, moins détectables, tandis que le cadre de l'image coupe souvent les mains ou la posture de l'interlocuteur.
- Contrairement à ce vous avez pu entendre, **n'oubliez pas la caméra**. À l'inverse, regardez votre (ou vos) interlocuteurs comme si vous étiez en présentiel. De façon générale, une conversation humaine entre deux personnes, qui sont face à face, se déroule en trois dimensions : la dimension visuelle (ce que je suis, mon sourire, la manière dont je suis habillé, mes gestes), la dimension sonore (la tonalité de ma voix, les silences) et la dimension verbale (le message que j'énonce). En visio, nous avons l'énorme privilège d'avoir l'image, qui figure souvent comme le souvenir le plus marquant d'une discussion ou d'une rencontre. Je conseille donc aux personnes qui s'expriment en visio d'engager leur corps, avec un regard animé, des gestes pour appuyer leur démonstration, un visage et un buste en mouvement. Rien de pire que de s'adresser à un écran noir, votre interlocuteur ayant coupé sa caméra ; cela revient quasiment à évoluer et à parler dans l'obscurité. À l'inverse, si votre interlocuteur a eu la courtoisie de laisser sa caméra allumée, ayez une vraie gestuelle afin de remettre de l'humain dans le numérique. N'hésitez pas à regarder la caméra droit dans les yeux, comme un être humain et non comme une machine, quitte à surélever légèrement votre ordinateur afin de mettre la caméra à hauteur de votre visage. Il faut que les participants à la réunion aient la sensation que vous les regardez, que vous vous impliquez. N'hésitez pas à avoir des gestes allant vers la caméra : ils seront comme une main tendue vers vos interlocuteurs. Enfin, travaillez sur le son en ménageant des silences.

• **Utilisez le « vous » qui est direct,** notamment quand les managers parlent à leurs équipes pour réchauffer la conversation. Même si de manière générale, il doit y avoir un chef, un animateur de la réunion qui énonce clairement les enjeux de la réunion et distribue la parole.

SAVOIR GÉRER AU MIEUX SA VISIO, COMPTE TENU DES DÉSAGRÉMENTS PRÉVISIBLES

Toutefois, même si la visioconférence est synonyme de gain de temps et d'économies en termes de transports, elle comporte aussi des désagréments.

• **La « Zoom fatigue »**. C'est le premier désagrément : à la fin d'une journée en télétravail, que nous soyons dirigeant, cadre ou employé, nous avons tous l'impression d'avoir plus travaillé que si nous étions dans un bureau en présentiel. Nous ressentons un symptôme, qui est une grande fatigue et lassitude que nous éprouvons après avoir enchaîné plusieurs journées de visioconférence. Rien de plus normal pourtant ! La visioconférence exige une concentration permanente et accrue de votre esprit et un contrôle encore plus strict de votre prise de parole. La première explication vient du fait que le contact visuel est très intense et éprouvant pour les yeux. Deuxième point : les scientifiques expliquent à quel point se voir constamment agir dans une vignette en bas de l'écran lors des visioconférences est fatigant, pénible et stressant. Cela revient à se regarder en permanence dans un miroir ! Troisième point : ne pas bouger, ne pas se lever, ne pas marcher figurent comme parmi les raisons pour lesquelles nous sommes si fatigués. Enfin, les chercheurs ont observé une augmentation de la charge cognitive en chat vidéo, où il faut approuver visuellement, lever le pouce pour signifier son accord, sourire pour souligner son approbation… Et utiliser des calories mentales pour communiquer. En outre, lorsque nous sommes en visio, il y a un léger décalage, à peine perceptible par l'individu, entre le son et l'image, qui explique la lassitude. Le système cognitif est beaucoup plus stimulé que d'habitude, ce qui crée cette grande fatigue. Un conseil pour réduire ce décalage entre le son et l'image ? Ne parlez pas comme des robots et marquez des pauses dans vos interventions. Bien communiquer en visioconférence, c'est d'abord apprendre à se taire.

- **Une analyse plus difficile**. En visio, il y a beaucoup moins d'éléments non verbaux dans la conversation. Le petit espace de l'écran de l'ordinateur rend plus difficile l'analyse du « corps qui parle » en face de nous : l'attitude du corps, les mimiques du visage, la gestuelle sont atténuées. Par ailleurs, il ne faut pas perdre de vue que le temps de parole est limité, entre 15 à 20 %. Le reste, c'est de l'écoute. D'où l'importance de la gestuelle et du regard.
- **La pression**. Elle s'avère encore plus forte pour une véritable réunion stratégique pouvant atteindre jusqu'à 10 à 15 personnes. Il s'agit, bien sûr, de s'être préparé en amont et de répondre avec pertinence à chacun des managers. Mais il faut également prendre en compte les facteurs de politique interne. Déjà contraignants en présentiel (compétition entre managers, hostilité entre le N+1 et le N+2, divergence sur les objectifs à atteindre…), ils obligent à une prudence accrue dans la prise de parole, car les gros plans sur les visages ne trompent personne. Ce sont même de redoutables marqueurs – sauf à se révéler capable d'arborer un *poker face* en toute occasion.

• **Une image de soi renvoyée malgré nous**. Pour autant, ne soyez pas obnubilé par votre image. Des chercheurs du Stanford Virtual Human Interaction Lab, qui se sont penchés sur la « Zoom fatigue », pointent aussi la perturbation qu'occasionne le retour de son image dans une petite vignette, au coin de l'écran. Notamment parce qu'il est difficile de ne pas se regarder durant la réunion. L'image de soi est un sujet intime, que l'on oublie en réunion physique mais que la visio nous rappelle sans pitié. D'où le nombre de consultations, d'hommes comme de femmes, pour des injections de botox, acide hyaluronique ou d'opérations esthétiques, qui a littéralement explosé durant la première année de télétravail, lorsque se sont multipliées les visioconférences. « L'image de soi comporte une charge émotionnelle variable selon chacun, qui dépend de la personne en face de soi et de l'importance que l'on accorde à son jugement », décrypte Jean-Christophe Villette, psychologue du travail et directeur associé du cabinet Ekilibre. Ce dernier suggère de se placer entre 50 et 150 cm de sa webcam, une distance confortable en face-à-face. « Physiquement, quand on se situe à moins de 50 centimètres, il s'agit d'une distance intime, réservée aux proches. »

Certains scientifiques préconisent de désactiver sa caméra pour se concentrer sur l'audio. « En réalité, estime Laetitia de Clerck, cofondatrice de Whistcom, tout dépend de la nature de la visioconférence. S'il s'agit d'une réunion de travail, l'objectif est de travailler collectivement sur le sujet, avec bien souvent un partage de documents à l'écran : la caméra n'est pas nécessaire et on peut basculer sans problème en mode audio. En revanche, dans les réunions de motivation, le but est de convaincre, de rassurer ou d'inspirer ses interlocuteurs. Il est alors difficile de se passer de la caméra. »

5 conseils en or

1. Limiter le nombre de réunions en visioconférence.
2. Fixer les règles dès le départ avec la désignation d'un capitaine à la barre/animateur en charge de gérer les prises de parole et de préciser les règles dès le début : caméra allumée tout le long ou pas, micros coupés ou non… C'est lui qui devra se positionner en réalisateur de la séquence visio. Sans oublier de faire un tour de table au démarrage pour préciser la fonction de chacun et la raison de sa présence – ce qui oblige à mieux sélectionner les participants.
3. Organiser des réunions de 45 minutes au maximum. Au-delà, notre attention décline.
4. Créer des silences dans les discours pour laisser du temps à l'auditoire d'assimiler et de comprendre ce que l'on dit.
5. Se ménager des pauses de cinq, dix ou quinze minutes pour prendre un verre d'eau, sortir se promener, voire planifier une courte séance de yoga en toute fin de matinée… Quel que soit votre choix, veillez à créer des parenthèses de lâcher-prise, sans sentiment de culpabilité, car après cette parenthèse, vous serez deux fois plus efficace et concentré.

À RETENIR

La star, c'est votre public. Et c'est encore plus vrai à distance où **il faut redoubler d'efforts pour embarquer son audience**.

POUR PROGRESSER

★ **Soignez l'éclairage, le fond derrière vous, vos vêtements, votre coiffure**, sans en faire trop non plus.

★ **Surélevez votre ordinateur.** La caméra de votre ordinateur doit être au niveau de vos yeux.

★ **Regardez la caméra comme une personne.** Astuce : mettez un post-it smiley près de la caméra pour vous souvenir que c'est là qu'il faut regarder... et qu'il faut sourire !

★ **Pour compenser votre absence en présentiel**, mettez votre corps en mouvement et faites des gestes vers la caméra pour souligner vos propos.

★ **N'oubliez pas de vous taire** pour laisser l'autre exister !

★ **Enfin, ménagez-vous des pauses** (hydratation, mouvement...) entre deux visios : vous n'en serez que meilleur.

CHAPITRE 7

DEVENEZ DES PROS DE L'INTERVIEW

Une littérature abondante fleurit sur l'art et la manière de déjouer les pièges et les chausse-trappes des journalistes, qu'ils soient issus des chaînes de télévision en continu ou de la presse écrite. Avec à la clé, une flopée de questions : est-ce possible de connaître les questions à l'avance ? Peut-on exiger de relire les interviews et de corriger l'intitulé des questions ? A-t-on le droit d'obtenir avant la parution l'article « portrait » ou consacré à l'entreprise elle-même ? Enfin, comment réussir sa prise de parole… ou à l'inverse, se louper et risquer un buzz carnassier sur les réseaux sociaux ?

RÉUSSIR SA PRISE DE PAROLE

Avant toute chose, il s'agit de comprendre **le bénéfice direct qu'attend le journaliste** de votre interview **au lieu de vous focaliser sur votre propre prestation**. Comme les collaborateurs qui se rendent à une convention ou qui assistent à un meeting, il escompte quelque chose de vous et de votre interview. Et là, qu'il s'agisse de télé, de radio ou de presse écrite, les choses sont identiques : le journaliste veut obtenir des informations inédites et si possible intéressantes, qui n'ont jamais été dévoilées sur aucun autre média et qui répondent aux questions que le public se pose, en particulier lorsque l'entreprise traverse une crise. C'est ce que sa hiérarchie attend de lui et c'est là-dessus qu'il sera jugé.

Comme vous, il subit une forte pression qu'il va devoir gérer tout le temps que durera l'interview, ce qui devrait alléger vos propres angoisses. Il n'est donc pas une hyène déterminée à vous acculer, que vous devez combattre, ni un esprit perfide déterminé à vous piéger… Mais plutôt un joueur de tennis, qui est sommé de vous amener sur un terrain précis : l'actualité de votre entreprise, quelle qu'elle soit. À partir du moment où vous avez compris les contraintes de votre interlocuteur, vous avez réussi 50 % de votre intervention, que l'on peut découper en trois séquences.

1. 48 heures avant l'interview : préparer l'intervention

Sur ce point, Gilles Leclerc, journaliste qui assume la responsabilité de l'atelier « Gérer sa parole face aux journalistes » pour le cabinet Whistcom, est formel : « La prise de parole comporte des règles. Elle ne s'improvise pas. La plupart des dirigeants se méfient des journalistes mais en même temps, ils comprennent que n'être pas présents dans les médias représente un véritable handicap. Pour réussir votre interview, il faut avoir à l'esprit trois maîtres mots : **l'objectif** de cette interview ; **la cible** que vous voulez toucher ; **le message** que vous voulez faire passer et ce qui en restera. » À ce titre, la préparation est indispensable. « Pour prendre la parole cinq minutes devant une chaîne d'info en continu, il faut compter plusieurs heures de préparation, poursuit-il. À partir de là, il faut éviter les erreurs courantes : s'imaginer que l'on peut faire l'impasse sur la préparation car on connaît parfaitement le sujet. Ou multiplier les messages en voulant être complet et tout dire. Ce que je recommande alors, c'est de choisir le bon message et s'y tenir (le fameux SMS). Plus de 50 % de la réussite de votre message va venir de sa forme. »

Dans ce but,

- **Relisez tout ce qui a été publié** dans la presse et diffusé en TV sur vous et votre entreprise depuis un an. Ne zappez pas la presse économique et financière étrangère car le regard sur votre entreprise peut être très différent outre-Manche ou outre-Atlantique… Ne passez pas non plus à la trappe les notes récentes des analystes financiers d'ODDO BHF, de BNP Paribas et de leurs concurrents. Un excellent baromètre pour mesurer le degré de confiance qu'inspire votre entreprise. Et dites-vous que le journaliste que vous verrez, s'il est professionnel, est en train de se livrer à un exercice identique !
- **Dressez une liste de questions possibles, des plus embarrassantes aux plus évidentes**. Et rédigez des éléments de réponse qui ne soient pas uniquement des dénégations si l'entreprise traverse une crise, mais plutôt ce que vous avez appris à travers cette épreuve. Rassurer ? Oui. « Mentir, non, reprend Gilles Leclerc. Dans le cas d'une crise, il faut différencier le message qui sera adressé au très grand public et le message particulier réservé à un média financier. »

Au cours de cet exercice préparatoire, évitez, contrairement à ce que l'on peut vous conseiller, d'utiliser des éléments de langage (EDL) que vous avez déjà placés dans d'autres entretiens. Et donc de reprendre des termes tellement utilisés par les dirigeants dans les médias qu'ils finissent, à force d'être sur-répétés, par devenir des clichés. Quelques exemples : « être agile » (avant, on était lourdaud ?), raconter comment vous êtes devenu *client centric* (parce qu'avant vous oubliiez le client dans un coin du magasin ?), « horizontal », « écoresponsable » ou comment votre objectif est de « renforcer le lien affectif avec le consommateur », de « retrouver l'ADN de la marque » (il avait été égaré ?), etc.

- **Soyez innovant, disruptif,** décryptez votre secteur d'activité en n'hésitant pas à bousculer les idées reçues, à l'image d'un Xavier Niel ou d'un Michel-Édouard Leclerc – voire de publicitaires comme l'impertinent David Ogilvy (1911-1999), considéré comme le pape de la publicité et auteur de quelques citations entrées dans la légende comme : « Le consommateur n'est pas un crétin, c'est votre femme ! », « Le leader le plus inspirant est celui qui satisfait les besoins psychologiques de ses adeptes », ou encore « Dites la vérité, mais rendez-la intéressante ». Pensez à Jean-Marie Dru, cofondateur du groupe BDDP (devenu TBWA/France), qui a inventé le concept de disruption (ou comment déconstruire les codes de communication classiques sur un produit) et a essaimé depuis dans d'autres secteurs de l'industrie. Lequel concept est aujourd'hui enseigné à Harvard.
- À la fin de votre préparation, exercez-vous à **transmettre votre message principal** (qui aura souvent trait à la stratégie de votre entreprise), résumable au SMS de la méthode SPORT®. Simple, direct, accessible et tenant en une ligne. Si vous en êtes incapable, c'est que vous-même n'en avez pas une vision très claire. Du moins, c'est ce que votre public, c'est-à-dire les lecteurs, retirera de votre interview. Il faut donc retravailler vos réponses aux questions probables en les affûtant au maximum.

En résumé, soyez brillant tout en apportant de l'information et un décryptage inédit. C'est l'occasion ou jamais de faire la différence avec vos concurrents. Pas question de vous rendre à cette interview en courbant la tête, paralysé à l'idée de vous faire piéger. Allez-y plutôt avec le moral d'un battant qui va saisir l'occasion de cette prise de parole pour faire encore progresser son entreprise… et son *personnal branding*.

2. Pendant l'interview : « Le patron, c'est le lecteur »

• **Rappelez-vous les principes basiques de la méthode SPORT®** : sourire, se tenir les pieds bien ancrés, ne jamais se départir de son calme même face à une question embarrassante, gérer ses silences, en particulier lorsque les interrogations sont complexes, appuyer sa démonstration avec des gestes précis et déterminés… Plutôt que de vous mettre dans la peau du type qui essaie d'éviter les roquettes, glissez-vous plutôt dans le short de Nadal face à Alcaraz, en renvoyant la balle avec efficacité, rapidité, sans perdre vos moyens… ni vous montrer agressif.

• **Méditez la fameuse formule de Raymond Aron** que rappelle Franz-Olivier Giesbert, ex-patron du *Point* après avoir dirigé la rédaction du *Figaro*, dans son livre *Histoire intime de la Ve République. Tragédie française*, pour garder en tête à qui vous vous adressez : « Le patron d'un journal, ce n'est pas le propriétaire, ni le directeur, ni le rédacteur en chef, ni le journaliste, ni le chef de pub. Le patron, c'est le lecteur. » Ou le spectateur. C'est-à-dire le public, la star que vous devez séduire. C'est lui le boss. Lui qui attend des réponses à ses interrogations sur votre entreprise – en particulier s'il s'agit d'alimentaire, de produits d'hygiène-beauté et de sécurité automobile – et à qui on ne la fait pas. Ne le décevez pas.

• **Ne méprisez pas ouvertement le journaliste** qui est face à vous. Dans 75 à 80 % des cas, il a étudié dans les mêmes écoles que vous (HEC, Essec, Insead, Sciences Po, Celsa, LSE, Normale Sup, écoles d'ingénieurs pour certains journaux économiques ou spécialisés…) et a reçu un enseignement fondé sur les mêmes valeurs. Donc faites la chasse aux clichés. Contrairement à la légende urbaine, les étudiants sympas auprès desquels vous avez flippé et bossé jusqu'à 2 heures du matin ne se sont pas transformés en un tour de magie en trotskystes agressifs, déterminés à décapiter le capitalisme en général, et votre entreprise et sa réputation en particulier. À la télévision comme dans la grande presse nationale règne au contraire une endogamie difficile à nier, particulièrement en presse économique et politique. On peut la regretter car elle apporte de l'eau au moulin de ceux qui tirent à boulets rouges sur le microcosme parisien et les élites hors-sol qui ignorent tout du quotidien des Français. Mais inutile de se cacher derrière son petit doigt, l'endogamie entre dirigeants et journalistes présente un avantage de taille : vous parlez le même langage et partagez les mêmes codes. Ce qui a le mérite de faire gagner du temps à tout le monde.

- **Utilisez des mots simples, directs, compréhensibles par tous,** en particulier en TV et en radio. Donc pas d'anglicisme à tout bout de champ ! Tout le monde ne sait pas forcément ce qu'est un KPI, des *third party data,* ce que signifie « scaler un business » ou « funnel marketing »… Par ailleurs, mieux vaut éviter l'usage de termes issus de l'Antiquité grecque et utilisés à satiété ces derniers mois – comme « hubris », « syncrétisme » ou « kaos »… Du statut de dirigeant brillant à celui de manager hors-sol, s'adressant à une minorité d'initiés, il n'y a qu'un tout petit pas… qu'il faut éviter de franchir. Restez accessible !
- **Ne mentez pas aux journalistes,** surtout dans le domaine économique et financier où l'AMF (Autorité des marchés financiers) est particulièrement attentive. Dans un univers de transparence obligée, où les réseaux sociaux jouent

les gendarmes autoproclamés, vous seriez immédiatement démasqué. Si vous ne pouvez pas dire les choses, mieux vaut indiquer qu'il s'agit de sujets confidentiels, sur lesquels vous ne pouvez pas vous exprimer, que de raconter des bobards qui feront la joie du *Canard enchaîné*. Enfin, en situation de crise, n'évacuez pas le sujet mais admettez les faits, démontrez votre empathie envers ceux qui en sont victimes, et détaillez toutes les mesures que vous êtes en train de prendre pour y mettre fin.

Bref, jouez la carte de l'authenticité comme savent le faire d'excellents orateurs comme Xavier Niel, Michel-Édouard Leclerc, Alexandre Bompard ou encore Arthur Sadoun… Leur spontanéité est le fruit d'heures de travail et de préparation (du moins aux tout débuts), mais comme pour les grands sportifs, l'effort ne se sent pas.

3. Le service après-vente

Peut-on exiger d'un journaliste qu'il fasse relire ses citations ou son interview ?

Sur le papier, la réponse est clairement et juridiquement non. En 2012, un article de *Libération* expliquait que le *New York Times* avait décidé de ne plus accorder d'interview à ceux qui souhaitaient les relire avant parution. L'article mettait en avant les questions de spontanéité et de « perte des aspérités » de l'article lors d'une relecture. En 2018, c'était au tour de *La Voix du Nord*. L'AFP estime, elle, que « par principe, les interviews, comme les autres dépêches contenant des citations, ne sont pas relues par nos interlocuteurs ». Enfin, dans sa charte d'éthique, le journal *Le Monde* précise que l'équipe de rédaction refuse la relecture dans la majorité des cas. « Les interviews publiées sous forme questions-réponses ne doivent pas être relues par les personnes interrogées, ou alors dans le seul but d'éviter toute erreur factuelle ou de compréhension. Si la personne interrogée modifie substantiellement la teneur de ses propos, l'auteur de l'interview peut, avec la direction de la rédaction, refuser de publier l'entretien. » De grands quotidiens nationaux l'ont fait – notamment en presse économique – ces toutes dernières années, lorsque l'interview avait totalement été réécrite.

Quant à accepter de faire relire un article entier, tel qu'un portrait ou une enquête, il s'agit, pour le journaliste, d'une faute professionnelle pouvant entraîner son licenciement. De la complaisance à la corruption, il n'y a qu'un pas, et les directeurs de rédaction soucieux de la crédibilité de leur titre ne font pas de cadeaux à ceux qui franchissent la ligne jaune.

En revanche, un journaliste peut, s'il s'agit d'un sujet particulièrement technique ou sensible, vous envoyer vos citations afin de vérifier qu'il n'y a aucune erreur. Très souvent de nature politique ou économique, le sujet sensible porte fréquemment sur une crise, ou ce qu'on nomme couramment une « affaire » (l'affaire des pâtes contaminées Panzani, l'affaire des bouteilles d'eau minérale Nestlé, l'affaire Kerviel/Société Générale, etc.).

Dans ce cas précis, vous savez que vous marchez sur des œufs lorsque vous vous exprimez publiquement face aux médias. Il est normal que vous vouliez maîtriser votre discours afin d'éviter toute retombée négative (avertissement, pressions, voire placardisation…). La relecture vous permettra de changer un mot qui pourrait fâcher. Évidemment, il y a des limites à cette pratique, mais si l'élément en question que vous souhaitez supprimer n'apporte pas grand-chose de concret à l'article, le journaliste jugera qu'il est inutile de jeter de l'huile sur le feu et de vous mettre en porte-à-faux. C'est là qu'intervient la relation de confiance que vous serez parvenu à construire avec le rédacteur ou l'intervieweur, sachant que vous êtes fréquemment amenés à vous rencontrer.

DU WIN-WIN

En retour, si le journaliste accepte, vous devez jouer le jeu. Soit, en clair, ne pas réécrire entièrement ce que vous avez dit en enlevant les aspérités, le décryptage sans concession de votre secteur, bref tout ce qui va faire le sel et la singularité de votre intervention. Pas question non plus de réécrire les questions ou d'en imaginer de supplémentaires pour répondre à des interrogations qui ne vous auront pas été posées, pour placer un message qui vous semble subitement essentiel. C'est la meilleure façon de vous griller auprès d'une rédaction en chef que vous risquez de braquer – même si votre directeur de la communication vous affirmera le contraire. Or si les médias ont besoin que vous vous exprimiez, vous avez également besoin d'eux. Bref, il s'agit d'un jeu dont tout le monde doit sortir gagnant, d'autant que votre intervention devra affronter des contenus concurrents, dont ceux, de plus en plus nombreux, issus des réseaux sociaux. Il faut donc, encore une fois, que le journaliste et le lecteur/spectateur en retirent un bénéfice direct. Ce qui signifie concrètement : émettre un message qui doit leur apprendre quelque chose qu'ils ignoraient, comme les moyens que vous vous donnez pour (au choix) :

- vous adapter à la mutation de votre secteur,
- y intégrer l'IA,

- amortir, s'il s'agit de grande distribution, la montée de l'inflation sur les produits de première nécessité,
- prendre le pouls de votre entreprise en continu, grâce à des outils mis en place,
- enfin, si vous traversez une crise (panne de croissance, mauvaise image, échec d'une fusion-acquisition), décider des mesures à prendre.

Contrairement à l'interview TV ou radio minutée et en direct qui ne pardonne rien, vous disposez de plus de temps pour vous exprimer en presse écrite. Même s'il s'agit de rester ancré sur un message principal destiné au public et de ne pas s'égarer dans des digressions.

ÊTRE INTÉRESSANT N'EST PAS UNE OPTION, MAIS UNE OBLIGATION

Si vous multipliez les éléments de langage, les anglicismes et la novlangue pour avoir l'air pointu et les pirouettes afin d'éviter de répondre aux questions embarrassantes, votre interview risque d'être plate et insipide. Certes, vous n'aurez aucun nouvel ennemi, mais vous aurez perdu une heure précieuse de votre temps. Quant au journaliste qui vous aura interviewé, il aura, lui aussi, perdu une heure et ne risque pas de vous rappeler lorsqu'il cherchera un spécialiste pointu et sans langue de bois sur votre secteur d'activité. Clairement, vous n'êtes pas la bonne personne !

Le conseil vaut aussi pour une interview TV ou radio. Là encore, la star, c'est l'audience. Le public. Si vous ne parvenez pas à l'intéresser, il vous scrollera illico sur son smartphone ou changera de chaîne ou de station la prochaine fois que vous prendrez la parole. Ce sera encore plus rapide que durant une convention ou un séminaire, car cette fois-ci, votre audience ne sera pas vos collaborateurs mais vos consommateurs, voire vos concurrents. Et ils ne vous doivent rien, à commencer par leur bulletin de salaire.

Refuser une interview ?

Il est toujours périlleux de refuser une interview, voire de ne pas prendre un journaliste au téléphone en tablant sur le fait que si vous ne voulez pas parler du problème que vous rencontrez (grève des salariés, suspicion de problème d'hygiène alimentaire dans certains produits commercialisés...), la curiosité des journalistes s'évanouira comme par magie, d'un simple claquement de doigts. Grossière erreur ! L'article (ou le sujet TV) existera de toute manière mais il risque, au minimum, d'être truffé d'erreurs – et au pire, d'être hostile puisque vous avez refusé d'y collaborer. Sans compter que vous courez le risque de voir écrit noir sur blanc : « Contactés, les responsables ont refusé de s'exprimer sur le sujet ». Ce qui paraît toujours suspect : Pourquoi refusent-ils de parler ? De quoi ont-ils peur ? Qu'est-ce que ça cache ? Bref, au lieu d'enterrer le problème, le silence affiché par l'entreprise et son dirigeant peut créer à l'inverse une montée du soupçon, susciter des posts sur les réseaux sociaux... et revenir en boomerang inattendu. Le XXIe siècle est celui de la communication. Mieux vaut soupeser ce que l'on va dire et ce que l'on taira, en invoquant la confidentialité du sujet, qu'opposer un refus brutal et inexpliqué qui ne résoudra rien.

CULTIVER UNE CONFIANCE RÉCIPROQUE

Pour autant, inutile, pour obtenir de l'impact et un surcroît de notoriété, de vous lancer dans un brûlot sans une bonne raison ! Mieux vaut trouver, dans le cadre d'une interview en presse écrite, un compromis entre les petites phrases *on*, que vous êtes prêt à assumer, et les confidences *off the record* que vous accorderez au journaliste afin d'éclairer son lecteur et lui permettre d'écrire un article plus fouillé et informé. Il publiera ses informations non sous votre nom mais plutôt sous les différents vocables ordinaires (« un bon connaisseur du secteur », « une source proche du dossier », voire « selon l'entourage du dirigeant »). C'est aussi de cette manière que vous pourrez développer une relation de confiance sur le long terme.

Enfin, il y a le *off-off* à manier avec précaution. Comprenez les informations sensibles et confidentielles destinées à aider le journaliste à décrypter l'ensemble des enjeux. Voire à lui fournir des éléments lui permettant d'anticiper ce qui va se passer, à condition qu'il s'engage à ne pas les publier. Cela peut permettre de nouer une relation de confiance forte, durable et réciproque… comme se révéler explosif s'il ne respecte pas le contrat. D'où le conseil : avant de faire du *off-off* et même du simple *off*, testez la fiabilité de votre interlocuteur sur des informations réelles mais sans grande dangerosité. Inversement, évitez de lui raconter des craques. Bref, avancez pas à pas dans cette relation de confiance qui doit fonctionner dans les deux sens.

À RETENIR

La star dans une interview, ce n'est ni le journaliste, ni le propriétaire de la chaîne ou du journal, mais le public, lecteur ou spectateur. **À vous de l'intéresser et de lui apprendre quelque chose de concret.** Et donc de précieux.

POUR PROGRESSER

★ **Ne refusez pas une interview.**

★ **Ne voyez pas le journaliste comme un ennemi** mais plutôt comme un joueur de tennis qui va parfois chercher à vous entraîner sur un terrain que vous voulez éviter. C'est la règle du jeu ! Au besoin, revoyez ses précédentes interviews pour cerner sa manière de jouer, comme un sportif regarde les matchs de son concurrent.

★ **Préparez rigoureusement votre entretien** et trouvez le bon équilibre pour établir une relation de confiance avec celui qui vous interviewe.

★ **Gardez constamment en tête le message que vous souhaitez faire passer** et n'attendez pas pour l'évoquer. Dès la première question, vous devez pouvoir glisser votre message (le SMS).

★ **Relire une interview ou des citations n'est pas un droit**, encore moins une obligation en presse écrite. L'obtenir dépend largement de la relation de confiance que vous aurez construite avec le journaliste.

CONCLUSION

Au terme de ce livre, vous voilà un Grand SPORTIF.

Comme un Grand SPORTIF, vous vous êtes fixé un objectif : démontrer, dans toutes les situations, à votre public – vos collaborateurs, vos clients, votre futur employeur… – qu'il est la star. Celui qui concentre tout votre intérêt. Celui dont voulez tout savoir et à qui vous vous adressez en priorité et en exclusivité. Celui à qui vous avez pensé en préparant votre convention, votre meeting, votre argumentaire de vente ou votre entretien d'embauche.

Comme un Grand SPORTIF, vous vous êtes préparé mentalement. Vous avez pris le temps nécessaire pour comprendre ce que votre public attendait de vous, ce qui l'intéressait et quel bénéfice direct vous pouviez lui apporter. Et c'est cet intérêt bien réel que vous allez lui démontrer tout au long de votre prise de parole.

Comme un Grand SPORTIF, vous maîtrisez une technique : la méthode SPORT®. Vous savez utiliser tous les leviers du corps pour que votre public ressente physiquement que seul lui compte à vos yeux. Sourire, planter les pieds au sol, ne pas s'accrocher les mains, regarder le public puis se taire, ménager des silences pour laisser le public exister et installer avec lui un dialogue.

Comme un Grand SPORTIF, vous vous êtes entraîné dans différentes situations : l'entretien individuel, la réunion d'équipe, la visio, les réseaux sociaux, la plénière sur scène, les journalistes… Vous savez que si le format change, la technique reste la même et que c'est la technique qui vous rend naturel en toute situation.

Et comme un Grand SPORTIF, il ne vous reste plus désormais qu'à travailler et travailler encore pour gagner en performance. On peut décrocher une médaille d'or un jour, à force d'efforts. Mais si on arrête de s'entraîner et de s'obliger à être meilleur, le risque est grand de dégringoler rapidement du podium. Le Grand SPORTIF, c'est celui qui sait qu'il peut toujours faire mieux, parcourir le kilomètre de plus.

Alors profitez de chaque situation qui vous est offerte pour faire du SPORT®. Petit à petit, la technique deviendra intuitive, elle fera partie de vous. Au point de devenir une béquille si bien intégrée qu'elle en deviendra invisible. Il n'y a que vous qui saurez avec quelle force elle vous aura aidé à révéler votre véritable personnalité.

Demandez à vos amis, à vos proches, à vos collègues de lire ce livre et de s'équiper de la méthode SPORT®. Plus vous êtes nombreux à maîtriser ce langage commun, plus vous pourrez vous faire des retours construits et factuels sur vos prises de parole. C'est ainsi, dans cette rigueur de tous les jours, que vous progresserez et accomplirez ce fameux kilomètre de plus qui fera toute la différence.

Enfin, comme un Grand SPORTIF, prenez du plaisir ! Après tous vos efforts, vient toujours le temps du réconfort.

Vive le SPORT®.

BIBLIOGRAPHIE

Un caillou dans la chaussure : L'humain au cœur de l'entreprise, Batoul Hassoun et Natalie Rastoin, Éditions de L'Observatoire, 2020.

Revolution Story : comment utiliser les réseaux sociaux pour renforcer votre marque, créer des concepts inoubliables et obtenir une audience de fans engagés, Michael Illouz, Jikji Éditions, 2024.

Votre parole vaut de l'or : 25 règles pour convaincre, Amélie Blanckaert, Pocket, 2023.

Taisez-vous, on vous écoutera, Amélie Blanckaert, Plon, 2024.

Le secret des orateurs, Stéphane André, Stratégies, 2011.

Une éloquence naturelle, Stéphane André, Dunod, 2023.

Churchill, Andrew Roberts, Perrin, 2022.

Kennedy. Vérités et légendes, Georges Ayache, Perrin, 2017.

Les Gourous de la com' dérapent, Aurore Gorius et Michaël Moreau, Fayard, 2016.

Histoire intime de la Ve République : Le sursaut (1) et *Tragédie française (3)*, Franz-Olivier Giesbert, Gallimard, 2021 et 2023.

« Politique, journalisme et communication », article de Patrick Jankielewicz publié le 15 janvier 2018 dans *La Voix du Nord*.

« Interviews : la presse à l'épreuve de la relecture », article de Isabelle Hanne publié le 27 septembre 2012 dans *Libération*.

Baromètre Whistcom-OpinionWay, octobre 2023 : « Les salariés et la parole de leurs dirigeants »

REMERCIEMENTS

Merci aux GRANDS SPORTIFS, partenaires de Whistcom

Avant de refermer ce livre, je voudrais remercier tous les partenaires de Whistcom qui font confiance à notre méthode SPORT® et qui témoignent dans ce livre : Jean-Claude Le Grand (L'Oréal), Hélène Derrien (Orano), Rémy Baume (Zadig&Voltaire), Stéphane Voyer (Groupe Edmond de Rothschild), Géraud de la Noue (Campari), Rami Baitiéh (Morrisons / Carrefour), Nicolas de La Giroday (General Mills / Isautier), Natalie Rastoin (Polytane / Ogilvy), Éric Cuenot (Nike), Guy Krenzer (Lenôtre), Laure Baume (Moët Hennessy Diageo France), Nathalie Renaudin (Edenred), Jean-Marc Magnaudet (Danone), Ludovic Pauchard (Louis Vuitton), Flavien d'Audiffret (THOM), Sandra Talbot-Arnal (Guerlain), Adilson Borges (Rennes School of Business), Pascal El Grably (KrossKnowledge), Arnaud Erulin (Edenred).

Merci aux équipes de Whistcom

Merci aussi à toutes les équipes et tous les experts de Whistcom qui font rayonner la méthode SPORT® au quotidien.

Ensemble, depuis toutes ces années, nous rêvons d'un monde où « bien parler » ne suffit plus et où « parler pour les autres » devient le Graal.

Merci pour votre travail rigoureux, votre écoute et votre audace. L'excellence de votre accompagnement, couplée avec les bienfaits de notre méthode, ont transformé des milliers de dirigeant(e)s à travers le monde.

Au nom des collaborateurs de toutes ces entreprises, je veux vous rendre hommage. En rendant la parole de leur dirigeant(e) plus engageante, vous avez surtout amélioré leur bien-être et leur confort.

Vous êtes la plus grande fierté de Whistcom.

TABLE DES MATIÈRES

PAPIER CERTIFIÉ

Achevé d'imprimer par Rodesa, en Espagne
Pour le compte des éditions Marabout
(Hachette Livre)
58, rue Jean-Bleuzen, 92178 Vanves Cedex

contact@marabout.com

Dépôt légal : février 2025

ISBN : 978-2-501-18979-8
58 3152 5